SANANDO CHAKRAS

CÓMO EQUILIBRAR SUS CHAKRAS, IRRADIAR
ENERGÍA Y SANARSE A SÍ MISMO

SIYA ISHANI

ÍNDICE

MÉTODO DE CURACIÓN CHAKRA: UNA GUÍA PRÁCTICA PARA PRINCIPIANTES PARA LA AUTO CURACIÓN.

Introducción	5
1. Nada parece funcionarme	7
2. Que NO es la solución	13
3. Asociaciones de Dolencia y una Breve Historia de la Chakra	27
4. Los 7 puntos básicos del Chakra	35
5. Desarrollo de las Chakras	46
6. Disonancia y curación de la Chakra	59
7. Ejercicios diversos de Chakra y Mas	79
8. Energía Kundalini- Historial de antecedentes y entendiendo el Kundalini	93
9. Preparativos y pasos para liberar el Poder de la Serpiente	101
10. Meditación estilo Kundalini y otros Ejercicios	110
11. El Tercer Ojo: Entendiendo y liberando el sexto sentido.	126
12. Energía Curativa con Cristales y otras piedras	140
13. Meditación Chakra en el Jardín	153
14. El Kundalini y otros tipos de yoga	162
15. Conclusión	177

SANIDAD POR REIKI: UNA CLASE MAESTRA

Introducción 185
1. ¿Por qué probar nuestro enfoque de Sanación por Reiki? 189
2. Historia del Reiki 194
3. Conceptos básicos de Reiki: sus principios, cómo funciona, y meridianos 197
4. Ejercicios de autocuración por Reiki 218
5. Los tres pilares y la sanidad por Reiki para otros 242
6. Puntos Chakra y Reiki: ¿Son compatibles? 254
7. Incorporando puntos Chakra a la curación de Reiki 266
8. Reiki y Kundalini: ¿son compatibles? 280
9. Uso de Reiki en conjunto con el Kundalini 284
10. Reiki - Curación completa de los 12 meridianos 300
11. Piedras curativas para incorporar a la sanación por Reiki y Chakras 312
12. Conclusión 330

MÉTODO DE CURACIÓN CHAKRA: UNA GUÍA PRÁCTICA PARA PRINCIPIANTES PARA LA AUTO CURACIÓN.

DESBLOQUEA, AVIVA Y BALANCEA TU CHAKRAS. ABRE TU TERCER OJO A TRAVÉS LA ENERGÍA CURATIVA Y LOS MÉTODOS ANTIGUOS DE KUNDALINI

Copyright 2019. Todos los derechos reservados

El contenido de este libro no puede reproducirse, duplicarse o transmitirse sin el permiso directo por escrito del autor o el editor.

Bajo ninguna circunstancia se atribuirá culpabilidad ni se responsabilizará legalmente al editor ni al autor de ningún daño, reparación o pérdida monetaria debido a la información contenida en este libro. Ya sea directa o indirectamente

Aviso Legal:

Este libro está protegido por los derechos de autor. Este libro es únicamente para uso personal. No se podrá enmendar, distribuir, vender, usar, mencionar o parafrasear cualquier parte o contenido de este libro, sin el consentimiento del autor o editorial.

Aviso de exención de responsabilidad:

Favor de notar que la información contenida en este documento es solo para fines educativos y de entretenimiento. Todo el esfuerzo fue hecho para presentar información precisa, actualizada y completa. Ningun tipo de garantía viene declarada o implícita. Los lectores reconocen que el autor no está comprometido en presentar consejos legales, de tipo financieros, médicos, ni profesionales. El contenido de este libro ha sido obtenido de diversas fuentes. Favor de consultar a un profesional antes de intentar realizar cualquiera de las técnicas descritas en este libro.

Al leer este documento, el lector acepta que bajo ninguna circunstancia el autor es responsable de las pérdidas, directas o indirectas, que ocurran como resultado del uso de la información contenida en este documento, incluidos, entre otros, - errores, omisiones o inexactitudes.

INTRODUCCIÓN

Entre los años 1500-500 a.C, una serie de escritos hindúes conocidos como las Vedas fueron escritos. Contenían muchos tipos de lores como himnos, filosofías, y sobre todo, guías que podían seguirse en varios aspectos de la vida. Mas importante, partes de los textos describían el antiguo entendimiento de la distribución de energía en el cuerpo, conocidos como los puntos Chakra, así como la energía principal ubicada en la columna, conocida como el Kundalini.

A pesar de la abundancia de gente incrédula, estos escritos han sobrevivido al tiempo, atrayendo practicantes constantemente por más de 5000 años. ¿Cómo te ayuda esto? Bueno, me alegra que lo preguntes. La manipulación de estas energías puede lograr muchas cosas y las discutiremos en breve en el capítulo 1. Por supuesto, como lector, ten la libertad de pasar por alto ciertos puntos que crees que no te sirvan o que ya estés familiarizado. Nuestro objetivo es proveer un fundamento en los principios básicos de los puntos de Chakra y Kundalini, Energía curativa que te permita entender el vasto alcance de las aplicaciones a las que puedes utilizar estas energías.

Continuemos al capítulo 1 y analicemos algunas de las cosas que esperes lograr a través de esta antigua sabiduría que ha resistido por mucho tiempo.

1

NADA PARECE FUNCIONARME

A pesar que la psicología, la neurología, y otras ciencias médicas han tenido increíbles avances con el tiempo, pareciera que aún hay muchos detalles si contestar o mal diagnosticados. Muchos de nosotros sufrimos de una serie de hábitos perniciosos y dolencias físicas que, por mucho que lo intentemos, parece que nunca podemos llegar a la raíz de ellos. Como resultado, en el mejor de los casos nos sentimos infelices y, en el peor de los casos, dependemos de las soluciones químicas prescritas y de otro tipo, que tienden a ayudar brevemente con uno o dos síntomas mientras crean una docena más. Esta es una de las razones más válidas por las que tantas personas recurren a la sabiduría Védica con más de 3000 años de éxito en comparación con las ciencias más jóvenes y "modernas".

Algunos ejemplos comunes de nuestro sufrimiento colectivo donde esta sabiduría es aplicada son los siguientes:

1. **Problemas financieros**- Sin importar con cuánto dinero cuentes o cuan extenso sea tu presupuesto, pareciera imposible ahorrar dinero. Sobrevivir día a día con tus cheques y pareciera no haber suficiente, cuando la lógica nos dice que DEBERÍA serlo.
2. **No estar satisfecho con tu carrera-**
3. Nunca pareces ser promovido. Tal vez aspires a una carrera diferente pero no puedas dar el salto. El trabajo es simplemente trabajo, algo que hacer hasta que te jubiles, infeliz.
4. **No sentirte satisfecho con tu cuerpo**- Te sientes muy gordo o muy delgado. No atractivo. Participas en dietas o en regímenes de ejercicio y los resultados no son lo que esperas. A pesar de las opciones médicas, las calorías consumidas o no consumidas, no puedes conseguir ese físico que deseas

cuando sabes que este yace ahí como un diamante en bruto.
5. **No sentir que puedes ser amado**- A pesar de todas tus cualidades, te encuentras bloqueando relaciones o compromisos porque en el fondo, estas convencido que no puedes ser amado.
6. **Tienes dificultad para intimar con el cuerpo y la mente**- ¿Acercarte a alguien? ¡Ni de chiste! Te es imposible dejar entrar a otros. Como resultado, la gente solo ve una imagen cultivada de ti. Algo superficial que has establecido para mantener a las personas a una distancia y a pesar de tu deseo de abrirte, simplemente no es una opción.
7. **No sentirte capaz de lograr tus sueños**- Tienes sueños y planes que nunca salen de tu cabeza, aunque sabes que si pudieras reunir la energía para hacer que estas cosas sucedan, disfrutarías del éxito que se obtendría. Sin embargo, no puedes reunir la energía para más que soñar.
8. **Alergias que los médicos no pueden diagnosticar_** Pareces ser alérgico a muchas cosas, y aun si una visita al médico te otorga únicamente una serie de antihistamínicos

que te en lugar de hacerte sentir mejor, te hacen sentir mas cansado.

9. **Estás de acuerdo con otros para evitar molestarlos_** Aun cuando sabes que tienes razón, en lugar "sacudir el bote" prefieres estar de acuerdo con otros. Esto lleva a sentir un estrés y una frustración enorme en tu vida que te encantaría exterminar… pero por mas que lo intentas simplemente no te animas a hablar.

10. **No puedes confiar en tus propias intuiciones (aun cuando siempre es la correcta)** - Esto es común en muchos. Sin importar cuantas veces tu intuición ha sido la correcta, no puedes confiar en ella. Esto lleva a perderse de oportunidades en el trabajo, en las relaciones, y en la vida en general. Si conoces la lógica de esto, ¿Por qué no confías en ti mismo?

11. **Sufres de fuertes migrañas y dolores de cabeza por estrés-** Los dolores de cabeza crónicos son tu constante compañía, aun cuando todo está bien y no sientes estrés. El doctor no sabe por qué. La psicología y la psiquiatría te ha fallado en darte una razón

válida, y el problema aún persiste y parece no haber escapatoria.

12. **Te sientes desconectado de lo espiritual**- ¿No puedes acercarte a la naturaleza o la religión de tu elección? ¿El mundo que te rodea se siente más material que cualquier otra cosa, una máquina en lugar de un colectivo de diversas energías y emociones? ¿Se ha convertido la vida en una simple cuestión de trabajo, sueño, enjuague y repetición? Muchos sufren de esto y parece que no pueden encontrar la razón. Podríamos tener algo de ayuda para ti aquí.

13. **Dolor de garganta crónico**- Tan pronto como esté húmedo o frío, o incluso en un día bueno, ¿sientes dolor de garganta o sensación de bloqueo? Quizá eres más susceptible a la faringitis estreptocócica y no pareciera haber una razón médica.

Estas son dolencias comunes y, sin embargo, pareciera que nadie puede hacer algo al respecto. Entonces, ¿por qué las soluciones estándar no parecen funcionar? Entendemos el enigma. Para demostrar esto, discutamos algunos de estos mismos puntos en el capítulo 2 para comprender mejor las soluciones que se intentaron y los resultados frustrantes que surgieron en lugar de una solución. Después de demostrar que conocemos y entendemos sus frustraciones, le dejaremos saber NUESTRA solución para estos problemas.

Vale la pena la espera.

2

QUE NO ES LA SOLUCIÓN

En el capítulo anterior mencionamos una lista de dolencias comunes. Muchas personas las experimentan y muchas personas prueban las mismas cosas, una y otra vez, que son recomendadas por sus amigos o médicos. Por desgracia, los resultados son siempre menos que óptimos. Quédate con nosotros y te diremos por qué.

Para mostrar que sabemos de lo que estamos hablando, aquí está la lista del Capítulo 1 y algunos ejemplos de cosas que tu y muchos mas han intentado antes de decidir investigar la forma Védica de hacer las cosas.

Una vez que hayamos discutido lo que has intentado,

te revelaremos algunos secretos, cosas que no has probado, pero que te alegrarán una vez que lo hayas hecho. Así que aquí nuevamente, nuestra lista de dolencias ahora se agrega con sus "soluciones" comúnmente recomendadas.

1. Problemas financieros

Soluciónes probadas:

- Depósito directo a una segunda cuenta, pero en vez de ahorrar simplemente usas la segunda tarjeta para retirar impulsivamente.
- Presupuesto tras presupuesto; siempre mantienes un registro por unos días pero siempre algo se presenta y dejas de tomar registro o simplemente registras tus fallas.
- Contratar a un contador, y terminar en conversaciones que digan "lo siento, lo gasté".

Resultados: La inestabilidad financiera es un ciclo vicioso. Termina en frustración, en la pérdida de oportunidades, y en sentirte avergonzado con tus amigos y colegas cuando se preguntan que porque no puedes acompañarlos a almorzar o cuando eres ocasionalmente excluído. Puede prevenir que seas dueño de una casa en lugar de estar rentando, o en construir un nido para suplementar tu retiro. Es ciertamente un problema serio.

1. No estar satisfecho con tu carrera-

Soluciones probadas:

- Entrenamiento constante en tu trabajo actual que nunca es utilizado.
- Cambiar seguido de trabajo sin tener idea de donde quieres estar.
- Empezar tu propio negocio sin estar antes listo.

Resultados: No estar satisfecho con tu carrera elegida puede ser devastador. Puede afectar tu moral y tu brújula interna, después de todo, si no sabes a qué deseas aspirar en tu carrera, ¿cómo puedes dirigir el resto de tu vida? Si las soluciones anteriores no han ayudado en lo más mínimo, es probable que haya otro tipo de desequilibrio en juego del que no has sido conciente. Te lo explicaremos muy pronto.

1. **No sentirte satisfecho con tu cuerpo-**

Soluciones probadas:

- Cualquier tipo de dietas modernas, que te dejan mareado y con hambre todo el tiempo y no funcionan en el largo plazo.
- Membresías en el gimnasio que nunca se usan.
- Entrenadores personales que te dejan exhausto y con pocos resultados.
- Asistir a grupos de apoyo con personas con quienes ni siquiera puedes relacionarte en lo mas mínimo.

Resultados: Esto es impactante. ¿Cómo puedes ser feliz en la vida si no estás contento con la persona que ves en el espejo? Peor aún, el fracaso en lograr tus objetivos cuando estas sufriendo tanto puede llevar a una falta total de energía, dando como resultado un aislamiento y pereza en el tedio general, lo que empeora el problema. El clavo en el ataúd es cuando el doctor no puede encontrar nada malo o cuando te dan excusas falsas que sabes que no son ciertas o que no aplican en tu caso. Te alegrará saber que hay otra manera.

1. No sentir que puedes ser amado.

Soluciones probadas:

- Pasar el tiempo con gente potencial que son superficiales y por ende "seguros"
- Apresurarte a tener intimidad física sin estar antes listo.
- Volverte un recluso para evitar la problemática.
- Invertir mucho tiempo al trabajo y a los hobbies para "mantenerte ocupado".

Resultados: Un sinfín de cosas malas pueden resultar de esto. El recurrir al alcohol o a las drogas. Las "enamoradas" mal concebidas para un apuro rápido y emocional que nunca perdura. Aislamientos que embotan más tus habilidades sociales, haciendo que sea más difícil el hacer una conexión en el futuro cuando estés listo. Hay una razón por la cual esto está "detrás del escenario" y diremos lo que es en nuestro próximo capítulo, para que puedas empoderarte y derrotar esta aflicción debilitante.

1. Tienes dificultad para intimar con el cuerpo y la mente

Soluciones probadas:

- Al buscar la compañía de la gente, sabes que no generan respuestas emocionales o físicas en ti.
- Sesiones con el psicólogo o ser recetado con químicos por un psiquiatra para tratar una condición que sientes que probablemente no tengas.
- Te obligas a tener una intimidad para la cual aún no estás listo.

Resultados: Relaciones infelices, sentirte incomprendido, miedo a que tu corazón simplemente este "frío". El enojo fuera de lugar puede resultar al reunirse o hablar con personas que no sufren este problema. Esta es una gran fuente de infelicidad y puede dañar seriamente tu auto-imagen. Afortunadamente, hay un aspecto Védico en este problema que te enseñaremos que podría marcar una gran diferencia y ayudarte a interactuar con esa confianza y honestidad que resuena profundamente dentro de ti.

1. No sentirte capaz de lograr tus sueños

Soluciones probadas:

- Leer constantemente biografías de aquellas que han alcanzado el éxito con la esperanza de inspiración sobre la que no se actuará.
- Planeación interminable en cuadernos sin tomar ningún paso.
- Gastar dinero en cursos de orientación o de emprendimiento sin usar lo aprendido.

Resultados: Te encuentras obligado a sentirte como un diletante, un aficionado, un soñador, sin lograr nada más que estar siempre tramando y planeando. Esto lleva a sentirse decadente e ineficaz. Peor aún, a menudo la planificación es buena, lo que resulta en 'amigos' que te roban tus ideas y el éxito posterior que podría haber tenido con ellas. Hay otras formas de energizar tus metas y conducirte al éxito. Discutiremos esto a fondo en el próximo capítulo.

1. Alergias que los médicos no pueden diagnosticar

Soluciones probadas:

- Probar los antihistamínicos de venta libre, y

mezclarlos con frecuencia en combinaciones no necesariamente recomendados.
- Visitas interminables al médico.
- Las terapias alternativas como lo es la acupuntura, cambios en la dieta, y otros enfoques mas holísticos que aun son inefectivos.

Resultados: Las alergias inexplicables pueden ser una fuente de una serie de frustraciones. Pueden hacerte un paria social. Puedes ser visto por otros o por ti mismo como 'débil'. La somnolencia constante o un estado de alerta hiperactiva pueden resultar del uso excesivo de antihistamínicos o de mezclar medicamentos de venta libre en un intento de encontrar alivio. Sin embargo, lo que muchos no se dan cuenta es que las respuestas corporales como esta no siempre son médicamente naturales. Son síntomas, sí, pero no de lo que podrías pensar. Discutiremos esto más a fondo.

1. Estás de acuerdo con otros para evitar molestarlos

Soluciones probadas:

- Libros o talleres de auto-superación.
- Evitar reuniones con gente con personalidades dominantes.
- Sobre compensar en el entrenamiento físico o mental para intentar elevar la moral.

Resultados: Típicamente el enojo y el auto-desprecio puede venir de este tipo de escenarios. Tus opiniones son igual de válidas, si es que no aún más valiosas en algunos casos que las de otros que solo te empujan. Peor aún, hay quienes notan tu tendencia a no estar en desacuerdo y pueden aprovecharlo para seguir sus propias agendas. La auto-estima requerida para dar tu opinión está asociada con una Chakra en particular que te enseñaremos y quizá puedas encontrar en ella esa ventaja que has necesitado todo este tiempo.

1. No puedes confiar en tus propias intuiciones (aun cuando siempre es la correcta)

Soluciones probadas:

- Sesiones con el psicólogo para determinar porque no confías en ti mismo.
- "Diarios de intuición" que reafirman que

debes confiar en tu intuición pero resultan ser ineficientes.
- Tomar riesgos no saludables o apostar para poder reforzar tu auto-confianza.

Resultados: El no confiar en tu instinto puede resultar en la frustración de conexiones perdidas, la pérdida de posibles aventuras, y que no seas considerado para ascensos en el trabajo, y mas. Si bien no quieres basar cada decisión en un capricho, aprender a confiar en tu intuición es importante en este viaje que llamamos la vida. Puedes aprender los momentos correctos para confiar en tu intuición, teniendo el conocimiento adecuado. Estaremos encantados de compartirlo contigo.

1. Sufres de fuertes migrañas y dolores de cabeza por estrés-

Soluciones probadas:

- Medicamentos con y sin receta (a menudo con efectos secundarios no deseados o una dependencia excesiva)
- Numerosas visitas al médico sin resultados
- Visitas al psiquiatra para descartar el estrés, resultando en medicamentos que no

realmente no necesitas y sus respectivos efectos secundarios.

Resultados: Las migrañas y los dolores de cabeza por estrés pueden ser terriblemente debilitantes, lo que resulta en la pérdida de trabajo y tiempo libre, y como tal, a menudo nos sobre medicamos y aún perderemos estas cosas, cambiando nuestro dolor por somnolencia y docenas de efectos secundarios. También hay una gran frustración cuando recibimos un diagnóstico tras diagnóstico que pareciera ser una excusa y no algo que realmente podría aplicarse a nosotros. A veces, la respuesta no es algo que encontrarás en la guía de un médico, sino en una serie de textos mucho más antiguos

1. Te sientes desconectado de lo espiritual-

Soluciones probadas:

- Sobre compensar los intentos de forzar una experiencia espiritual.
- Recurrir a varios grupos religiosas con la esperanza de "encontrarte a ti mismo" y estar en contacto con tu lado espiritual nuevamente.

- Tomar un enfoque ateo y negar tu propia espiritualidad y la de otros.

Resultados: Somos criaturas espirituales por naturaleza. Piénsalo desde un enfoque científico. La teoría de las supercuerdas en su fundamento establece que toda la materia es energía que vibra a una determinada longitud de onda. También sabemos que toda la energía tiene que ir a algún lado. Sin siquiera invocar deidades o religiones específicas, tenemos, en el fondo, una relación con todas las cosas que nos rodean por la naturaleza misma de nuestra existencia. La energía no tiene que ser denominativa. La negación de nuestro estado natural de existencia puede conducir a una infelicidad general, a la sensación de no estar inspirados, y puede hacernos sentir que no somos parte del gran todo que nos rodea. Afortunadamente, la comprensión de Chakras y Kundalini es una comprensión de las energías. Es posible que se sorprenda de la transformación en tus puntos de vista sobre la espiritualidad que puede venir con esto.

1. **Dolor de garganta crónico-**

Soluciones probadas:

- Rituales diarios como hacer gargajos con agua salada (que asco!)
- Visitas constantes al médico
- Cantidades prohibitivas de antibióticos cada año.

Resultados: Esta es una dolencia sufrida por muchos y los doctores terminan diciendo que "eres muy susceptible al dolor de garganta". Como tal, esto resulta en una enorme sufrimiento físico y en pérdida de tiempo en el trabajo o en tu tiempo libre al tener que realizar visita tras visita al médico, o ir la farmacia local para comprar pastillas sin receta. Te arrebata tus días de enfermedad en el trabajo y puede dificultar cuando se requiere hablar en público o cuando quieres socializar. La buena noticia es que esto no es necesariamente una condición estrictamente médica.

Ya que tengo tu atención llegó el momento de llegar a la parte divertida.

Chakras

En los próximos capítulos discutiremos los beneficios que la sabiduría Védica de la energía del Chakra puede traer a tu vida en la mitigación, o en algunos casos, la eliminación completa de estas dolencias y más.

Lo seguiremos con una breve historia con respecto a los puntos del Chakra también para mostrarte hace cuánto tiempo que otros como usted han estado utilizando esta antigua sabiduría para tener éxito donde los consejos de amigos y médicos bien intencionados han fallado.

ASOCIACIONES DE DOLENCIA Y UNA BREVE HISTORIA DE LA CHAKRA

Ahora que hemos establecido una lista de problemas ejemplares que muchos de nosotros enfrentamos hoy, vamos a comenzar este capítulo con algunos de los beneficios que se pueden obtener al aprender y fortalecer varios puntos del Chakra al destacar sus correlaciones de la lista de dolencias que proporcionamos en los capítulos anteriores. Después de eso, tenemos la intención de iluminar la historia de los puntos del Chakra para que tengas un poco de conocimiento en esta ciencia que es de las más antiguas. A partir de ahí, procederemos al próximo capítulo donde te daremos detalles sobre cada punto individual del Chakra para luego comenzar a desarrollar tu conocimiento sobre cómo fortalecer y equilibrar cada uno. ¿Suena bien? Vamos a proceder

Entonces, para comenzar, aquí hay una lista de los 7 puntos del Chakra, junto con las 12 problemáticas que enlistamos en los capítulos previos, cada uno de ellos asociado con el punto Chakra dominante.

A través del empoderamiento de estos puntos Chakra podrás balancear las energías del Chakra para corregir estas dificultades (y mas, las cuales discutiremos en el Capítulo 4: Los 7 puntos básicos del Chakra).

Así que sin más preámbulos, aquí está nuestra lista actualizada.

1er Chakra- El Chakra de la Raíz

- Problemas financieros
- No estar satisfecho con tu carrera
- No sentirte satisfecho con tu cuerpo
- No sentir que puedes ser amado

2do Chakra- El Chakra Sacral

- Tienes dificultad para intimar con el cuerpo y la mente

3er Chakra- El Chakra del Plexus Solar

- No sentirte capaz de lograr tus sueños

4to Chakra- El Chakra del Corazón

- Alergias que los médicos no pueden diagnosticar

5to Chakra- El Chakra de la Garganta

- Estás de acuerdo con otros para evitar molestarlos
- Dolor de garganta crónico

6to Chakra- El Chakra del Tercer Ojo

- No puedes confiar en tus propias intuiciones

7to Chakra- El Chakra de la Corona

- Sufres de fuertes migrañas y dolores de cabeza por estrés
- Te sientes desconectado de lo espiritual

Te sientes intrigado? La muestra que hemos dado en

progresión a través de estos capítulos es solo una muestra de lo que la comprensión y el dominio de estas energías pueden aportar a tu vida. Después de todo, las personas en todo el mundo han estado usando este sistema durante más de 3000 años. Vamos a hablar de esta historia a continuación para que tengas una pequeña base en los fundamentos de los puntos de Chakra. Una vez que hayamos allanado un poco las bases sólidas para que comiences, entraremos en detalles en los siguientes capítulos sobre los 7 puntos y ejercicios básicos del Chakra para construirlos y capacitarlos para ser utilizados para su propio beneficio.

Entonces, los puntos Chakra... ¿De qué se trata?

En la India, alrededor de 1000-1500 a.C. (este es el consenso general, aunque existe cierta controversia) los textos Védicos fueron escritos. Tomando en consideración himnos, tradiciones, oraciones, poemas, filosofías y más, estos textos abarcaron los principios y conceptos básicos de la religión Védica. Aquí es donde primero hemos escrito mención de los Chakras. Son esencialmente la tradición oral registrada de los brahmanes, los sacerdotes, los más altos de la casta social en la India. Debido a su educación, estos sacerdotes a menudo actuaban como consejeros y en habilidades ministeriales para los guerreros y jefes gobernantes.

La primera mención de los Chakras que tanto hemos escrito se originaron allí. La palabra "Chakra", significa literalmente rueda, y es una referencia a la rueda de las carrozas de los gobernantes. Visualizado como una rueda giratoria de luz, también hay asociaciones con el sol. Las primeras menciones que tenemos de los Chakras como centros espirituales de energía surgieron en el año 600 antes de la era común en la Yoga Upanishads, otro texto Sánscrito que trata sobre las tradiciones Yóguicas. El Lore de las Chakras no llegaría al Occidente en forma impresa hasta 1919, cuando un inglés llamado Arthur Avalon publicó una traducción de textos de 1577 (titulado 'Sat-Cakra-Nirupana') y del siglo X (Un texto titulado 'Padaka -Pancaka 'y otro llamado' Gorakshashatakam '). Estos textos contenían información de los centros Chakra, así como las instrucciones para meditar sobre estos centros para empoderar al "yo". Sobra decir que la tradición antigua fue bien recibida y con las compuertas abiertas, más y más información sobre este sistema comenzó a inundar el oeste.

El resto es, por supuesto, historia.

¿Entonces, que son exactamente los puntos Chakra?

Los puntos Chakra son esencialmente centros de energía. Mientras que el enfoque principal es en 7 Chakras principales (y sobre estos nos vamos a enfocar, ya que esto es un texto inductivo), existen en realidad 114 puntos Chakra con 72,000 nadis (canales de energía) a través del cual la Prana, o la "energía vital", viaja.

Los 7 puntos de Chakra en los cuales nos centraremos en este libro, curiosamente, corresponden, de arriba a abajo, con los 7 ganglios nerviosos principales de la columna vertebral. Si bien se visualiza como una rueda de luz de tipo halo, estas correspondencias lo ayudarán a comprender mejor cómo se mapean los puntos Chakra en tu propio cuerpo. Analizaremos las ubicaciones correspondientes con más detalle en el Capítulo 4.

Ahora, estos puntos de energía gobiernan varias "esferas" de influencia en tu vida. El equilibrio de tu energía vital general. El entendimiento de estos puntos de Chakra puede ayudarte a entender mejor cuándo ciertos aspectos de tus energías están bloqueados o sobresaturados. Esto puede ayudarte a alcanzar un equilibrio, fortalecerte donde sea necesario, llevándote a un mejor disfrute de la vida y al destierro de los elementos de discordia que el bloqueo puede introducir en tu vida.

¿Suena un poco complicado, no?

No te preocupes. Nuestro trabajo aquí es brindarte un conocimiento básico que puedas aplicar y desarrollar. Un fundamento, si quieres verlo así. En esta magnifica era de la información, un poco de tiempo invertido Google y algunas lecturas recreativas en tu teléfono, lector de libros electrónicos o biblioteca de tu elección pueden ayudarte a conocer algunos de los conceptos más complicados. Aquí nos enfocaremos en comenzar y proporcionarte las habilidades para OBTENER RESULTADOS y el resto dependerá de ti. Una vez que haya visto lo que la antigua sabiduría puede hacer por ti, comprenderás por qué tantas personas pasan toda una vida aumentando su comprensión y dominio de sus Chakras.

Ahora que te hemos dado una breve historia además del conocimiento básico de lo que son los puntos Chakra y algunas de las cosas que pueden hacer por ti, creemos que estás listo para zambullirte un poco mas profundamente. En el próximo capítulo identificaremos las 7 Chakras en detalle y de daremos un mejor conocimiento de sus esferas de influencia para que sepas exactamente que pueden hacer por ti. Una vez que conozcas mas de este sistema entonces muchas mas cosas en tu vida harán sentido.

Te lo garantizo. Ahora, sigamos al capítulo 4, "**Los 7 puntos básicos del Chakra**"

4
LOS 7 PUNTOS BÁSICOS DEL CHAKRA

*A*hora que hemos explorado, discutamos los 7 puntos principales del Chakra, sus respectivas ubicaciones, y sus esferas de influencia. Primero, los nombres y ubicaciones de las Chakras son las siguientes:

Muladhara- "raíz o soporte"

- Ubicación- base de la columna
- Comunmente conocida como- Chakra de la Raíz

Svadhishthana- "dulzura"

- Ubicación: Debajo del ombligo

- Comunmente conocida como- Chakra Sacral

Manipura-"joya brillante"

- Ubicación: Estómago
- Comunmente conocida como- Chakra del Plexus Solar

Anahata- "desarmado"

- Ubiación: Centro del pecho
- Comunmente conocido como- Chakra del Corazón

Vishuddha- "purificación"

- Ubicación: Base de la garganta
- Comunmente conocido como- Chakra de la Garganta

Ajna- "percibir"

- Ubicación: En la frente, en la parte central por arriba de los ojos

- Comunmente conocido como- El Chakra del Tercer Ojo

Sahasrara- "Mil veces"

- Ubicación: Sobre la cabeza
- Comunmente conocido como- El Chakra de la Corona

Como se mencionó anteriormente, las Chakras son comúnmente visualizadas como círculos de luz, pero es más fácil recordarlas como una línea recta de puntitos subiendo por la columna.

A continuación, queremos describirte sus esferas de influencia para que tengas una mejor idea de las energías que gobiernan. Posteriormente en este libro analizaremos los síntomas del bloqueo de estas Charkas en particular, para que puedas enfocarte en los problemas a medida que los encuentras para obtener una energía más equilibrada en la vida.

He aquí un listado de las áreas básicas de influencia de las 7 Chakras:

Chakra de la Raíz

- Como influye en la vida: Esta chakra de la raíz gobierna en áreas como la supervivencia/auto-preservación, aspectos materiales de la vida, así como el área de la sexualidad ya que se relaciona con la procreación como aspecto de seguridad, predominantemente en la supervivencia y la procreación. Estando muy ligado a tu habilidad de sentirte seguro y a salvo, la Chakra de la Raíz también gobierna tus reflejos para luchar o huir. Visualízalo como el Chakra de la seguridad, o siendo mas preciso, de la auto-conservación.
- Asociaciones Físicas: Esta Chakra se asocia

con los órganos sexuales masculinos, el coxis, piernas, caderas, y la espalda baja.

El Chakra Sacral

- Como influye en la vida: El Chakra Sacral está emocionalmente asociado en cómo nos conectamos con otros y en las experiencias de la vida. La familia, los amigos, parejas sexuales, y experiencias en general… Sí, experiencias. El cómo te sientes cuando ves un amanecer o cuando eres testigo del nacimiento de tu hijo. Este Chakra está ligado a estas cosas. Está también fuertemente asociado con la sensación de uno mismo y como nos damos a conocer. El que tanto te permites sentir y de

utilizar tu auto-poder. Por ende esto gobierna tu fuerza interior así como la manera en que compartes dicha fuerza con los demás.
- Asociaciones físicas: Órganos sexuales femeninos, vejiga, colón, y los intestinos gruesos.

Chakra del Plexus Solar

- Como influye en la vida: Mientras que la Chakra Sacral define como utilizas tu auto-poder; el Chakra del Plexus Solar es esencialmente la sede de dicho poder. Define la auto-aceptación, así como la habilidad de reconocer y entender quien realmente eres así como tu habilidad de representarte correctamente ante el mundo. Esto esta fuertemente ligado a tu vida Profesional y Personal, ya que está ligado a las habilidades

personales, y tiene un efecto en tu capacidad de sentir orgullo y auto-valor.
- Asociaciones Físicas: El Chakra del Plexus Solar gobierna los riñones, la vesícula biliar, el estómago, el hígado, y el páncreas.

El Chakra del Corazón.

- Como influye en la vida: El Chakra del corazón ejerce influencia en la habilidad para amar, ya sea amor propio y hacia otros. También afecta el cómo interpretamos experiencias y lecciones de vida, ya que esa sabiduría siempre es filtrada por la variable de "¿me amo a mi mismo? En esta capacidad, es la diferencia entre aprender una lección de vida o decidir que el mundo está en tu contra.

- Asociaciones físicas: Este Chakra gobierna el corazón, la espalda superior, pulmones, senos, y los brazos.

Chakra de la Garganta

- Como influye en la vida: La Chakra de la Garganta gobierna la comunicación, tanto con los demás como con uno mismo. A su vez, está fuertemente asociada con la habilidad de expresar la creatividad propia. Esto también afecta tu capacidad de expresar sueños o ideas de una manera "concreta" para que el resto del mundo pueda ver y entenderlo.

- Asociaciones físicas: El Chakra de la Garganta conforma las áreas del cuello, la garganta, la boca, las orejas, la tiroides, y la laringe.

El Chakra del Tercer Ojo

- Como incluye en la vida: El Chakra del Tercer Ojo tiene influencia en la conciencia espiritual así como en la habilidad de pensar con lógica y claridad. Te permite ver el panorama grande, de una manera tanto material como espiritual. También te permite un entendimiento de uno mismo.
- Asociaciones físicas: Este Chakra está asociado con los ganglios linfáticos, el cerebro, los ojos, los senos paranasales, es sistema endocrino, y la glándula pineal.

El Chakra de la Corona

- Como incluye en la vida: Mientras que el Chakra del Tercer ojo gobierna la conciencia espiritual, la Chakra de la Corona es la sede de dicho poder espiritual. Gobierna la conexión del "yo" con los reinos espirituales o aspectos de la vida a tu alrededor. Contribuye a la propia visión de la conexión con el universo y ayuda a proporcionar una mayor conciencia del futuro por venir.
- Asociaciones físicas: La Chakra de la Corona está asociada con la vértebra cervical, la columna vertebral, y las articulaciones.

Ya que hemos establecido las ubicaciones y principales funciones de los 7 puntos principales del

Chakra nuestro próximo paso es analizar como uno puede desarrollar estos puntos. En el Capítulo 5 analizaremos el desarrollo de estos puntos Chakra para que puedas comenzar a utilizar su poder para tu beneficio.

¿Estas listo? Bien. Entonces procedamos ahora con el siguiente capítulo para poder desarrollar esa energía Chakra y hacer buen uso de ella. Ten por seguro que estarás muy satisfecho con los resultados.

5

DESARROLLO DE LAS CHAKRAS

El desarrollo de las Chakras es algo que cualquiera puede hacer. Es fácil y rápido, considerando que estos puntos de energía en tu cuerpo ya están ahí y activos. Simplemente tienes que aprender a desarrollar y enfoque y nivel de conciencia. El estar consiente también te permitirá reconocer cuando un Chakra este más activo que otro, para que puedas tomar ventaja de esto, o bien reducir su influencia para que haya una energía más balanceada según sea necesario. Como hemos mencionado anteriormente, tus Chakras gobiernan varias partes del cuerpo y el espíritu. Aprendiendo de estas energías pueden ayudarte a obtener una mejor salud y una mente mas clara. El estudio de estas pueden ser tan sencillas o devotas según te plazca. Una ligera lectura cada mañana por algunas semanas o un estudio controlado por unos días. Todo depende de ti. Ahora veamos los aspectos prácticos.

¿Cuál es la manera más sencilla de acceder a estas energías?

Meditación

Primero, un sencillo ejercicio de respiración es requerido. Una respiración adecuada asegura que estés relajado y en un estado receptivo que te llevará a proceder a un estado mas profundo y meditativo, bloqueando toda distracción para enfocarte en tus Chakras. Como tu primer ejercicio de respiración, hagamos un sencillo 3-3-3.

Ejercicio de Respiración 3-3-3

El ejercicio de respiración 3-3-3 es muy útil, ya que es fácil, elegante, y eficaz. Toma asiento en un lugar donde te sientes cómodo y cierra tus ojos.

Inclínate, respira despacio contando hasta tres.

Uno.

Dos.

Tres.

Después, mantén la respiración contando hasta tres lentamente.

Uno.

Dos.

Tres.

Por último, simplemente exhala despacio contando hasta tres.

Uno.

Dos.

Tres.

Practica esto durante intervalos de 10 minutos. ¿Notes que tu corazón se desacelera conforme te vas relajando? Lo grandioso de este ejercicio es que puedes variar los conteos conforme vayas descubriendo mejores resultados. Intenta abastecerte de oxigeno haciendo una sesión respiratorio tipo 4-3-3, o disminúyelo ligeramente con un 3-4-3.

Existen muchas posibilidades, algunas que reducen el dolor o aumentan el enfoque, y lo mejor, es que con la práctica tu cuerpo las recordará y te verás respirando automáticamente siguiendo ciertos patrones que hayas descubierto por tiempos de estrés o ansiedad (algunos han reportado este ejercicio que emergencias tales como accidentes automovilísticos u otros traumas físicos y dañinos han desencadenado una respiración controlada en respuesta, así que asegúrate de seguir practicando.) Práctica en el transcurso de la semana para encontrar tu combinación óptima, o bien, si ya estás acostumbrado con el 3-3-3 a tal punto que ya no necesitas concentrarte en el conteo y no perder el enfoque, entonces ya estamos listos para proceder a la meditación.

Ahora que ya tienes un control en la respiración adecuada podemos proceder a aspectos básicos de la meditación Chakra.

Y bien, ¿qué es la meditación Chakra? Con una meditación estándar podemos alcanzar un estado de relajación en la cual, sin pensar, estamos más conscientes del "yo" mismo y del universo que nos rodea. La meditación Chakra, sin embargo, involucra lograr un estado de meditación en donde podemos concentrarnos en energías Chakras en específico que, a su vez, nos dan en enfoque-laser en aspectos en específico de nuestro bienestar físico y mental que está relacionado con el punto Chakra. Este tipo de meditaciones pueden ser un gran conducto para lograr una mejor sensación de bienestar, tanto físicamente como espiritualmente, como estarás por averiguarlo pronto.

Comencemos con una meditación sencilla para incrementar nuestra conciencia de las Chakras.

Primer ejercicio de meditación- explorando tus Chakras.

Preparación:

- Búscate un lugar en silencio. Dentro de tu casa donde te sientas a gusto, o si es posible, en un bosque cercano, o incluso en tu patio trasero donde puedas estar cerca de la naturaleza.
- Asegúrate te sentarte en una posición cómoda. Una posición de loto es agradable y tradicional, no obstante, el objetivo aquí es llegar a un estado de meditación…. en relajarse. Esto significa que puedes romper la tradición si así lo deseas. Siéntate en el sofá o en una silla de acampar que esté cómoda si te encuentras en el bosque.
- Toma en cuenta que esto podría tomar

media hora, quizá más si te encuentras en un modo particularmente contemplativo. Esto significa que querrás asegurarte que no tienes nada planeado para este tiempo y que has puesto tu teléfono en modo silencioso (no en vibración, salir bruscamente de un estado meditativo puede ser una experiencia molesta). Esto garantizará cero interrupciones, al menos lo menos posible en este mundo tan caótico que a veces vivimos.

- Para tus primeras veces, si no deseas memorizar los pasos, entonces grábate leyendo los pasos para poder escucharlos en tu MP3 portátil o cualquier dispositivo de tu elección, para que puedas seguir las instrucciones mas fácilmente. Si optas por este método, asegúrate de dejar pausas por unos minutos entre aquellos pasos donde se te pide que visualices algo, así mientras estés sentado con los ojos cerrados, sintiéndote mas relajado, tendrás suficiente tiempo para experimentar y agudizar tus visiones al máximo.
- Toma en cuenta que para esta meditación usaremos diferentes colores para representar

los puntos Chakra, incorporando los 7 colores del arcoíris. Los esquemas de color para varios Chakras fueron añadidos mucho después, así que mientras son utilices, por favor toma en cuenta que no son necesariamente tan tradicionales como la demás información que estás aprendiendo.

- Chakra de Corona- Rojo
- Chakra del Tercer Ojo- Naranja
- Chakra de la Garganta- Amarillo
- Chakra del Corazón- Verde
- Chakra del Plexus Solar- Azul
- Chakra Sacral- Indigo
- Chakra de la Raíz- Violeta

Pasos para meditar:

1. Si estás sentado cómodamente, comienza a respirar adecuadamente para sentirte relajado.
2. Cierra tus ojos.
3. Empieza visualizando la parte superior de tu cabeza, la Chakra de la Corona. Visualiza una luz roja allí, y deja que tus pensamientos se deslinden para enfocarte en esta luz. Deja que te llene, que te energice…. Siente como

extingue las emociones negativas; miedo, enojo, culpa, celos. Cualquier cosa que te esté distrayendo. Como troncos siendo quemados, deja que estas emociones negativas alimenten la luz que ves en tu mente. Nota como cada vez brilla mas y mas. Cuando esté brillando al máximo y continúe brillando, sin cambiar, entonces este Chakra ha sido energizado Es tiempo de proceder al Chakra del Tercer Ojo.

4. Siente la energía que se filtra desde tu Chakra Corona hasta el espacio ligeramente arriba y entre tus ojos, el Chakra del Tercer Ojo. A medida que se filtra, ve que la energía Roja se vuelve Naranja donde se encuentra el Tercer Ojo, al principio como gotitas de agua en tu frente hasta que se convierte en un flujo constante. Ve el brillo que irradia desde el punto del Tercer Ojo. Como una representación de radar en películas, ve la luz expandirse, pulsando en una amplia circunferencia, una esfera tridimensional de luz naranja brillante, para que toque todo a su alrededor a medida que se vuelve más brillante y más poderoso. Una vez en su

punto más brillante, podemos pasar al Chakra de la Garganta.

5. Mira el color naranja yendo hacia abajo hacia la garganta, cubriendo la Chakra de la Garganta con una luz que es rápidamente transformada del color naranja a amarillo. Mira cómo se forma como si fuera un sol pequeño. Contempla este pequeño sol en la Chakra de la Garganta hasta que estés listo para enviar la energía una vez mas hacia abajo.

6. Dirige la energía del pequeño sol hacia el centro de tu pecho, hacia la Chakra del Corazón. Visualiza esa energía amarilla tornarse a un color verde brilloso, como el que verías en la naturaleza al comienzo de la Primavera. Deja que la energía se esparza lentamente conforme la luz verde crece poco a poco. Una vez que esta luz esmeralda llegue a su brillo máximo, deja que la energía fluya hacia abajo, hacia el estómago, cambiando de color a azul zafiro.

7. A medida que la energía se mueve hacia el estómago, la Chakra del Plexo Solar, visualizala estallando como la electricidad, quedando congelado en su lugar a medida

que crece en tonos de zafiro más profundos. Una vez que esta luz esté brillando intensamente y pareciera que no crecerá mas, deja que la energía se desplace hacia el punto justo debajo del ombligo, la Chakra Sacral.

8. Mira la energía estallar hacia una esfera de cristal vacía en el punto de la Chakra Sacral. Conforme vaya llenando la esfera la energía cambia de color azul al color indigo (casi morado, pero más cercano al azul en el círculo de colores. Google te puede mostrar el tono exacto). Cuando la energía de la Chakra del Plexo Solar se haya vaciado totalmente en la Chakra Sacral, permite que la esfera de cristal cambie de cristal a una de luz, expandiéndose y brillando con tu enfoque en ella. Contempla esta luz todo el tiempo que quieras, minutos o momentos. Cuando la intensidad de la luz se vuelve estática, y sin cambios, entonces deja que la luz fluya en riachuelos aún más abajo hasta la base de la columna vertebral

9. Mientras la luz va llegando a la base de tu columna vertebral, la Chakra de la Raíz, obsérvala cambiar de color de nuevo,

cambiando sutilmente a tonos de luz violeta. Deja que esta luz se haga mas fuerte mientras fluye de la Chakra Sacral hacia la Chakra de la Raíz hasta que toda la energía haya sido transferida. Mírala haciéndose mas intensa hasta que la luz llega al brillo máximo, al igual que en los puntos previos, y mantén tu enfoque en la contemplación. Ignora los pensamientos de tu mente, enfócate solo en el color y la intensidad de la luz.
10. Ahora visualiza a todas las Chakras iluminarse, desde la raíz hasta la corona, todas brillando con la misma intensidad. Una vez que puedas tener esta visión en tu mente y verla en su perfección, lentamente abre los ojos. El ejercicio ha terminado.

Ahora que hemos terminado la primera meditación hay algunas cosas a preguntarte:

- ¿Había algunos colores / Chakras mas brillosos que otros en tus visualizaciones?
- ¿Algunos de ellos eran más tenues o difíciles de potenciar?
- ¿Notaste alguna introspección que te haya

venido aleatoriamente mientras meditabas en algún Chakra en particular?

El motivo de estas preguntas es porque los colores tenues en algunas áreas pueden indicar algún bloqueo, mientras que colores más fuertes podrían indicar que estamos inconscientemente energizando una Chakra en particular en ese momento. La introspección es importante, ya que los Chakras no solo gobiernan patrones particulares de pensamiento, sino corresponden a áreas específicas del cuerpo. Con la práctica, podrás modificar esta simple meditación para concentrarte en una Chakra en específico si sientes que pudiera haber problema para que de esa forma puedas tener un entendimiento más profundo de lo que hay en juego en esa Chakra en particular. El bloqueo de una Chakra en específico (o mas de una) puede ocurrir, y ha sucedido, en el próximo capítulo vamos a analizar esto en detalle con respecto a síntomas que puedes detectar y que pudieran ser un indicador de bloqueo en las Chakras así como ejercicios que pueden usarse para sanar dichos bloqueos. Hasta que estés listo para este capítulo, practica la meditación que acabamos de enseñarte. Es bueno hacerlo si tienes tiempo durante la semana para ayudarte a sentirte balanceado y energizado.

Ahora que te hemos enseñado la primera meditación, procedamos al capítulo 6: "Disonancia y curación de la Chakra" para que puedas detectar los signos de un bloqueo de Chakras y saber que hacer exactamente con ellos.

DISONANCIA Y CURACIÓN DE LA CHAKRA

En el capítulo anterior te enseñamos un método básico para echarle un vistazo a los puntos Chakra y como energizarlos ligeramente. Ejercicios como estos son también útiles cuando hay un desbalance en las Chakras, aunque hay una variedad de cosas que puedes hacer y que quizá no estés consciente. Es aquí donde entramos nosotros, por supuesto.

¿Entonces cómo saber si tus Chakras están desbalanceadas? Resulta que hay varias señales y síntomas que pueden indicar un desbalance en el Chakra. En este capítulo vamos a nombrar cada Chakra nuevamente, así como plasmar información relacionado con síntomas Físicos, Mentales y Conductuales que pudieran involucrar un bloqueo de un Chakra en particular que necesite ser resuelto. Después de esto, volveremos a listar cada Chakra de nuevo con información sobre como puedes combatir el bloqueo de cada una de las Chakras.

Comencemos.

Chakra de la Raíz

Síntomas físicos: El bloqueo de la Chakra de la Raíz puede resultar en ciertos problemas. Como está ligado a sentimientos de seguridad y bienestar, el bloqueo puede resultar en problemas de alimentación, de comer de mas. Otros problemas que pudieran surgir son piedritas en los riñones, estreñimiento, problemas de próstata, ciática, problemas en las piernas o rodillas, e incluso impotencia.

Síntomas Mentales / Conductuales: El bloqueo de este Chakra puede resultar en sentir paranoia, inseguridad, desconfianza en general, y a veces resulta en "pies ambulantes" debido al sentimiento de no sentirse en casa. Puedes sentirte abandonado en ocasiones. En las relaciones, pueden surgir problemas de codependencia.

Chakra Sacral

Síntomas físicos: Como el Chakra de la Raíz, el

bloque del Chakra Sacral puede resultar en problemas de riñon. Además de esto, también pueden presentarse problemas de la vejiga, así como dolores de espalda, infección del tracto urinario, quiste de ovario, e incluso la esterilidad.

Síntomas Mentales / Conductuales: Como este Chakra gobierna como te relacionas con la gente, el cómo te exhibes, y como utilizas tu fuerza interna, el bloqueo de este Chakra puede ser muy peligroso. Podrías desarrollar un problema de ira, celos graves, o ambos. En el área sexual, un libido bajo o inexistente, el no poder obtener orgasmos, o una eyaculación prematura podría ocurrir. El bloqueo también puede volverte manipulador, obsesionado al sexo, o puedes sentir que has perdido por completo el control de tu vida.

Chakra del Plexo Solar:

Síntomas físicos: En general la salud está fuertemente asociada con este Chakra. Padecimientos como la diabetes, problemas digestivos, úlceras, artritis, fibromialgia, asma, problemas de hígado y de la vesícula biliar están asociados con un desequilibrio de este Chakra en particular. Este es uno que definitivamente hay que prestar atención.

Síntomas Mentales / Conductuales: El bloqueo de este Chakra puede ser vicioso, ya que es la sede del "yo". Podría ocurrir una desconexión de tu identidad, ocasionando una sensación de estar perdido. Las habilidades de acoplamiento pueden verse afectadas, que podría llevar a una sanación lenta o inexistente en casos traumáticos. La gente podría notarlo, tomar provecho de eso y forzarte a tomar decisiones que no estás de acuerdo. Otra señal de advertencia ante un bloqueo del Chakra del Plexo Solar es el no poder establecer límites con otros. La pérdida del auto-control, la ansiedad, e inclusive adicciones (tanto físicas como químicas) podrían ser un problema cuando haya un bloqueo presente en este Charka.

Chakra del Corazón.

Síntomas físicos: Problemas respiratorios tales como el asma o alergias están ligadas a problemas con el Chakra del Corazón. Otros malestares, como padecimiento del corazón, hipertensión, y una mala circulación también están asociados con este Chakra.

Síntomas Mentales / Conductuales: El bloqueo del Chakra del Corazón puede resultar en sensaciones de soledad, una desconfianza general en las amistades y en relaciones, inclusive crueldad. Verás, la compasión y tu capacidad para amar están gobernados por este Chakra, y por ende tu capacidad para amar o para entender los problemas emocionales que tus amigos o pareja podrían estar experimentando podría verse comprometida cuando hay problemas con este Chakra. La ansiedad social o la sospecha de recibir regalos o de darlos también puede ocurrir, así que estate pendiente de estas señales, podrían indicar que tu Chakra del Corazón necesite atención.

Chakra de la Garganta

Síntomas físicos: El bloqueo del Chakra de la Garganta puede ocasionar varios problemas. Dolor crónico en la garganta, úlceras en la boca, laringitis, dolor de cuello frecuente, problema de tiroides, desorden en la mandíbula, e incluso problemas dentales.

Síntomas Mentales / Conductuales: Este bloqueo puede resultar en una caída masiva en habilidades de comunicación, resultando en problemas para expresarse, timidez, ansiedad social, y sentir un desapego en la sociedad. En casos severos, puede ocurrir lo adverso, y podrías volverte involuntariamente manipulador, dominante, engañoso, o incluso arrogante.

Verte a ti mismo de repente en silencio en eventos sociales puede definitivamente ser una señal de un bloqueo en el Chakra de la Garganta.

Chakra del Tercer Ojo.

Síntomas físicos: Debido a que el Chakra del Tercer Ojo está fuertemente asociado con tu cabeza y el cerebro, problemas con este Chakra pueden resultar en dolores frecuentes de cabeza, dolor de ojo, insomnio, y en casos severos, hasta convulsiones o delirios. El tener de repente una visión pobre cuando tu vista estaba bien también podría ser indicador de un problema con el Chakra del Tercer Ojo. Fuertes pesadillas que invadan tu sueño de la nada también es una señal de advertencia así que asegúrate de no pasar esto por alto, significa que tu Chakra del Tercer Ojo necesita atención.

Síntomas Mentales / Conductuales: El bloqueo de este Chakra puede resultar en la pérdida de dirección en la vida ya que dejas de confiar en tu voz interior. Podrías de pronto obsesionarte con el pasado o perder completamente interés en tu propio futuro. Una renuncia a tu intuición puede llevar a guiarte a través de recuerdos selectivos y puede producirse un engaño para ocultar tu falta de previsión.

Chakra de la Corona

Síntomas físicos: Problemas neurológicos, depresión, migrañas, y dolor en los nervios están asociados con este Chakra. Problemas con la tiroides y en la glándula pineal también están asociados con el bloqueo de este Chakra. En los casos mas severos, el Alzheimer y la Esquizofrenia también pueden empeorar debido a un desequilibrio en este Chakra, así como podría existir un desorden Bipolar.

Síntomas Mentales / Conductuales: Una Chakra de Corona bloqueada puede llevar a un malestar espiritual. El volverte aislado cuando antes eras muy sociable es uno de los síntomas comunes de un problema con este Chakra. El estar sin gozo, sin inspiración, e incluso la egomanía pueden también ocurrir con el bloqueo de esta Chakra.

Este es un listado básico, no obstante, aprenderás más conforme vayas investigando por tu cuenta. Como puedes ver, los puntos Chakra sin duda cubren un amplio rango de funciones del cuerpo y la mente. "¿Así que como uso esta información para frenar un bloqueo Chakral?", te preguntarás. Hay varias maneras, no estrictamente relegadas a técnicas de meditación, sino ligadas a las esferas de gobernación asociadas con cada Chakra. Discutamos lo que puede hacerse para sanar esas Chakras en particular.

Sanación de un Bloqueo Chakral

Chakra de la Raíz- La sanación de un bloqueo con la Chakra de la raíz puede lograrse de varias maneras. Ejemplos de acciones que podrías tomar son las siguientes:

- Como este Chakra está asociado con la seguridad del hogar, así como en bienes materiales, trata de personalizar tu casa una vez a la semana de una manera en que se refleje tu personalidad. Quizá tengas objetos coleccionables que puedas colocar en un lugar mas prominente para que puedas disfrutarlos mas cuando te relajes en casa.
- Como hemos incorporado colores en nuestras meditaciones de Chakra, incorpora el color rojo en las decoraciones de tu casa, o en tu vestimenta. La asociación de los colores mantendrá al Chakra enfocado en tu subconsciente para ayudar a construir su energía.
- Usa la meditación que te enseñamos anteriormente, enfocándote en la Chakra de

la Raíz. Date ligeros golpecitos en la cabeza en varios momentos y visualiza el color rojo al hacerlo. Esta asociación te brinda un medio rápido para atraer la energía de este Chakra cuando la necesites, un recurso mnemotécnico que consiste en simplemente golpear la cabeza unas veces para invocar las memorias y las sensaciones de la meditación. Esto puede hacerse con cualquiera de las Chakras.
- Limpiar tu casa es una manera simple de alimentar tu Chakra de la Raíz. Cuando tu hogar está organizado te sentirás mas a gusto y seguro de la energía que le has dado a la Chakra.

Chakra Sacral- El bloqueo del Chakra de las conexiones emocionales puede ser mitigada de las siguientes maneras:

- Hacer trabajo voluntario para acercarte a otros puede ayudar a nutrir tu sentido de proximidad ante la comunidad. Esto, a su vez, fortalecerá el Chakra Sacral.
- Socializa! Invita amigos cercanos a tu casa por la noche. Cena con un amigo una vez

por semana. La interacción con otros fortalece el Chakra Sacral. Quizá se sienta incómodo al principio, pero cuando reconoces que el problema es un desequilibrio del Chakra y no el resultado de una influencia externa entonces te será más fácil pasar tiempo con otros que son también importantes en tu vida.

Chakra del Plexo Solar_ El Chakra del Plexo Solar gobierna la sensación del "yo", y así, los bloqueos deben tratarse rápidamente. Aquí hay unas formas de lograr esto:

- Incorpora el color Amarillo a tu rutina diaria. Utiliza joyería de oro o de color oro si cuentas con algunas. Los alimentos color amarillo también pueden fortalecer este Chakra también.
- La meditación sin un objetivo en específico, pero alcanzando un pensamiento fijo puede promover la auto-contemplación, en lo que aprendes a escuchar en lugar de siempre hablar. Esto puede fortalecer la Chakra del Plexo Solar también.
- Comienza un diario. Establecer tus palabras

en papel o en otros medios ayuda a promover la introspección de uno mismo. Al mismo tiempo, te da un registro de sentimientos, estados de ánimo, y una mentalidad general en diferentes tiempos. Esto te permite ver el panorama grande cuando llega a TI. Si no eres de los que escribe diarios, ¿por qué no hacer publicaciones introspectivas en tu Facebook? Se recomienda que si se hace esto se desactiven los comentarios. Esta introspección es para ti y no debe ser sujeta a comentarios ni a críticas, las cuales podrían bloquear aún mas el Chakra del Plexo Solar.

Chakra del Corazón- Influenciando la capacidad de amarte a ti mimo al igual que las interpretaciones de tus lecciones de vida, el bloqueo de este Chakra puede causar mucho caos en tu vida. Para remediar esto, intenta hacer uno o mas de lo siguiente para ayudarte a re-energizar y desbloquear el Chakra:

- Joyería con piedritas verdes como las esmeraldas, turmalina verde, o el jade puede ayudarte a energizar este Chakra.
- Coloca fotografías de tus seres queridos en

tu casa, para que tengas un recordatorio diario de aquellos que te son cercanos y queridos. Tomate un momento cada mañana a mirarlas y pensar en un recuerdo en particular que es superior a todos los otros miles de recuerdos.
- El bloqueo de esta Chakra puede interferir con tu habilidad para dar. Esto se puede combatir de una manera sencilla. Invítale a un amigo una taza de café de vez en cuando. Lleva donas a la oficina para todos. Haz una donación a una causa si lo deseas. Aunque parece simple, el acto de dar es profundo cuando viene del corazón. La generosidad es una manera segura de fortalecer este Chakra.
- Crea un "Libro de Memorias Felices". Adquiere un libro en blanco en tu librería local y déjala en algún lugar conveniente en tu hogar. Trate de al menos una vez a la semana de escribir una memoria feliz en el libro. Con el tiempo, se irán sumando, y tendrás un libro que puedes tomar y leer en cualquier momento que sientas depresión y que la noche oscura sea demasiado. Esto puede ahuyentar las sombras y el mismo

acto de escribir estas memorias fortalece a la Chakra del Corazón enormemente.

Chakra de la Garganta- Al tener un gobierno en la comunicación con uno mismo y otros a través del habla, la expresión, y la creatividad, el bloqueo de este Chakra es indeseable en su totalidad y puede ser devastador en el peor de los casos. Para destruir un bloqueo de este Chakra, ten en cuenta que se pueden hacer los siguientes ejercicios:

- Si notas que no puedes hablar mucho, empieza hacer que tus palabras cuenten. Habla solo la verdad. Sé atrevido, honesto, y preciso en todo lo que digas. De esta manera, el bloqueo de este Chakra puede ser mitigado al mismo tiempo que te estas auto-enseñando el inmenso poder que la economía de las palabras puede proveer. ¿Has conocido a alguien en tu vida que hable muy poco, y aun así, cada palabra es importante, como si hubieran tallado esas oraciones con una navaja para dejar solo lo mas importante? Este ejercicio puede ayudarte a ser esa persona y revitalizar la Chakra de la Garganta.

- Ejercita tu creatividad. Escribir, pintar, esculpir, e incluso hacer collages con recortes de revista o con fotografías extras que tengas te pueden ayudar a despejar la mente. He aquí un objeto portable que quizá te recuerde a tu infancia… obtén una lata de plastilina Play-Doh en tu tienda local. Esta plastilina no tóxica para niños es portable, así que puedes llevarla en tu bolso o maletín, y si sientes una obstrucción en tus habilidades comunicativas debido a un bloqueo del Chakra de la Garganta, puedes tomarla y darle la forma que gustes. Lo que sea que te haga sonreír. De esta forma puedes capturar parte de la nostalgia de tu juventud, de cuando las energías creativas estaban en su mejor momento, y tenías menos preocupaciones del peso del mundo. Estos métodos son excelentes para fortalecer la Chakra de la Garganta.

Chakra del Tercer Ojo- Una conciencia espiritual, la capacidad de pensar con claridad y lógica, la intuición… el Chakra del Ter Ojo es igual de importante de mantener en tu vida que cualquiera de los otros 6 Chakras. El bloqueo puede resultar en varios padecimientos, como se mencionaron anteriormente en este capítulo, pero afortunadamente hay maneras de lidiar un bloqueo de este Chakra del Tercer Ojo. Intenta una o mas de lo siguiente para restaurar la energía a este importante centro de intuición:

- La visualización es uno de los aspectos de la mente que es afectada por el bloqueo del Chakra del Tercer Ojo. Un medio excelente pero poco convencional de sobre pasar esto es encontrar un lugar cómodo para sentarte para ejercitar la imaginación. ¿Qué es lo que imaginarás? Trata de imaginar lo absurdo. Sé que suena raro, pero esto no solo "ejercita" tus habilidades imaginativas, puede también romper el bloqueo de la visualización que estas experimentando. Imagina a un gato, sentado en un pastel, sosteniendo la bandera de tu país. Imagina una bicicleta corriendo cuesta abajo con un gran trozo de queso en el asiento. El imaginar lo que no te es familiar y lo absurdo puede fortalecer tus habilidades imaginativas y romper el bloqueo que estás experimentando con este Chakra. Una mejor y más refinada capacidad de imaginación es de gran ayuda para garantizar una meditación poderosa. Así que visualiza lo absurdo, y te sentirás satisfecho con los resultados.

- Rompecabezas, tales como crucigramas o el juego de Sudoku contribuyen a lograr un pensamiento lógico y estructurado. Es una manera divertida y móvil de energizar tu Chakra del Tercer Ojo diariamente.
- Meditación en el bosque, donde despejas tu mente pensamientos y absorbes solo lo que sientes del viento, los olores, y los sonidos (sin permitir que pensamientos te estorben, experimenta, sin ninguna narración) puede ser una excelente manera de lograr sentir una conciencia espiritual que no requiere de dioses o iglesias. Esto también fortalece la Chakra del Tercer Ojo.
- Lleva contigo un diario de tus intuiciones. Mantenlo en tu bolso, en tu laptop, mochila, o donde lo creas conveniente. Cuando sientas que necesitas hacer algo, escríbelo y después simplemente escucha a tu intuición y haz lo que creas correcto. Como experimento, resiste el ignorar a tu voz interior por una semana. Lo importante es escribir los resultados. ¿Tu intuición fue la

correcta? Descubrirás en la mayoría de los casos, que sí lo fue.

Chakra de la Corona- La Chakra de la Corona actúa como la sede del poder espiritual. Controla la conciencia de las cosas que te rodean tanto en la micro como en la macro escala, es decir, gobierna los detalles que notas en monedas de tu colección, el reconocer cuando el patrón de un diseño se rompe, o a mayor escala, la capacidad de predecir 5 o más movidas en el ajedrez, o el poder evitar placeres costosos y breves para poder ahorrar y construir un negocio que te sostenga en el largo plazo. Por ende, el bloqueo de este Chakra puede ser devastador. Lo siguientes métodos pueden fortalecerte para energizar tu Chakra de la Corona para tener controlado el bloqueo y la disonancia. Inténtalo y ve por ti mismo.

- Ejercicios semanales de atención plena: Encuentra un asiento cómodo por la ventana de tu casa o apartamento que te de una vista escénica o, salvo eso, ve a tu parque local cercano donde habrá muchas formas, colores, sonidos, y olores que absorber. Comienza tus ejercicios respiratorios para relajarte y empezar a absorber tus alrededores de una manera diferente y única. En lugar de asignar nombres a lo que ves, enfócate en sus figuras y texturas. En lugar de ver un perro y pensar en "Perro", intenta verlo como una serie de figuras. Un cuerpo tubular, 4 rectángulos que terminan en figuras con forma de "L" para las patas. ¿El pelaje es liso o esponjoso? ¿De qué color es? ¿Qué hay de los árboles? Algunos altos, otros bajos, columnas de café con terminaciones verdes o, si es otoño, de color naranja, rojo, y café. Practica el ver las cosas sumando sus partes, dividido en formas, olores, colores y sonidos. Al ver a una persona, en lugar de pensar "Es Joe", piensa, "Nariz triangular, cabeza cuadrada, piernas curvadas". Evita darles un nombre a las cosas y simplemente absorbe su esencia. Intenta hacer esto por 30 minutos o incluso 10, haciendo a un lado los nombres comunes de la mente mientras te concentras en las partes del reloj que las conforman. Esta meditación poderosa puede empoderar tu Chakra Coronal inmensamente. Si solo decides hacer un solo ejercicio de la lista, te

recomendamos este. Es inmensamente poderoso.
- Medita ese punto de la Chakra Coronal de la misma primera manera en que se te enseño a meditar. Simplemente haz a un lado el enfoque de los otros Chakras y dirige toda tu atención a la Chakra Coronal que esta sobre tu cabeza. Mira una flor de loto blanca emergiendo del centro de la luz roja, haciéndose más y más grande, y siendo rodeada de más y más pétalos. La Chakra de la Corona es simbolizada con frecuencia como el Loto con 1000 pétalos, y así, esta meditación puede fortalecer tu asociación con este Chakra al mismo tiempo que la estás fortaleciendo.
- **Considera una clase de Yoga.** La Asana Invertida es una posición que está ligada a la Chakra Coronal. Haciendo esta posición diaria antes de ir a trabajar por las mañanas puede ayudarte a quitar el bloqueo del Chakra y fortalecerla en su totalidad para prevenir un bloqueo en primer lugar.

Bien, ahora que tenemos una base mas solida de los Chakras en su historia, significado, meditaciones y demás, en el siguiente capítulo nos enfocaremos en ejercicios de Chakra escogidos que puedes añadir en tu conocimiento de esta antigua ciencia poderosa. Después, te introduciremos al Kundalini como otro método alternativo de empoderamiento. Cuando estés, listo, procedamos.

EJERCICIOS DIVERSOS DE CHAKRA Y MAS

*E*n este capítulo nos gustaría proporcionarte de mas meditaciones y herramientas a tu conocimiento del Chakra. Experimenta con los varios ejercicios y meditaciones y ten la libertad de personalizarlos como lo necesites en lo que vas obteniendo un entendimiento mas profundo del sistema del Chakra. De esta manera crecerás en salud y espiritualidad mas y mas en lo que desarrollas mas conocimiento de esta ciencia tan antigua.

Comencemos con maneras de llevar contigo un poco de energía Chakral para cuando la necesites.

Cargando Piedras Chakrales

1. Primero, necesitamos coleccionar una serie

de piedras, ya sea de la naturaleza (si es que tienes la suerte de tener una colección), de la tienda local de gemas y minerales, o de EBay si no quieres salir de casa. Las piedras apropiadas son las siguientes (Esto, definitivamente no es un listado completo, así que, si tienes o conoces de piedras del color apropiado, esas servirán perfectamente.) Obtén una de cada color y una caja o bolsa chica para llevarlas contigo (no tienen que ser finas, puede servir tanto un bolso de cuero como un bolso elegante de marca fina). Nota, este ejercicio también puede hacerse con joyas si cuentas con las piedras de colores apropiadas en caso que decidas portar las piedras Chakrales como prendas.

- **Rojo-** Rojo jaspeado, rubí, heliótropo (Esta piedra es roja y verde, así que escoge piezas que sean predominantemente rojas), rojo garnate, rododendro, y el rojo Coral.
- **Naranja-** naranja Sunstone, Carnelian, Corralina, Ágate, naranja zafiro, espesartina, hessonita, citrino, y ámbar.
- **Amarillo-** Amarillo citrino, amarillo canario

turmalina, amarillo Beryl (también llamado dorado), oro, pirita (el oro de los tontos), crisoberilo, zafiro amarillo, y cuarzo de limón.

- **Verde**- Ágate verde, calcedonia, garnate verde, verde aventurina, crisoprasa, verde apatita, esmeralda, amazonita, jade, heliotropo, hiddenite, peridoto, y serpentino.
- **Azul**- Labradorita, acuamarino, azul topaz, azul zafiro, azul blue lace, azul apatita, aragonize, turquesa, azul aventurina, azurita, benitoíta, y celeste.
- **Índigo**- Tanzanita, índigo cristalino, sodalita, azurita, índigo labradorita, y lolita.
- **Violeta**- Amatista, violeta Apatita, violeta Sodalita. Una buena cantidad de minerales pueden encontrarse también en violeta, como la espinela, topaz, berilio, turmalina, baritina, y jadeíta.

1. Ahora que ya has colectado las 7 piedras, pasa tiempo estudiando a cada una, memorizando los detalles que más se queden en tu mente. Quizá algunas tengan un patrón interesante y/o único, o algún brillo particular en el color. Pon atención a la

textura también. ¿Son lisas? ¿Notas algunas líneas o grietas que puedas sentir con los dedos? Una vez que las hayas estudiado bien y guardarlas en la memoria podemos pasar al siguiente paso.

2. Procede con una variante de la primera meditación que se te enseño. Con cada punto Chakral, recoge la piedra correspondiente. Dedica unos momentos concentrado en visualizar la energía del punto Chakral. Observa la piedra, sentada en el centro de poder como si flotara en frente de ti o estuviera adherida a tu piel. Di el nombre Sanskirta de la Chakra mientras lo haces, repitiendo en intervalos conforme vas visualizando como se llena la piedra con la energía Chakral. Los nombres, de nuevo, son los siguientes:

- Chakra de la Raíz- Muladhara
- Charka Sacral-Svadhishthana
- Chakra del Plexo Solar-Manipura
- Chakra del Corazón-Anahata
- Chakra de la Garganta-Vishuddha
- Chakra del Tercer Ojo-Ajna
- Chakra de la Corona-Sahasrara

Cuando visualices a la piedra brillar con el mismo poder con el que vez al punto Chakral, colócala dentro de la caja o bolso, y después podrás proceder con la siguiente piedra.

1. Una vez que hayas energizado todas las piedras, y de alinearlas con tu energía Chakral, cierra esa caja o bolso. Has terminado! Cuando sientas que un Chakra en particular está bloqueado o desequilibrado ahora tienes una belleza que puedes llevar contigo para reforzar tus energías Chakrales. Velas como "Baterías del Chakra". Cuando sientas que su eficacia se está desgastando o están "perdiendo batería", simplemente dedica tiempo para repetir el ejercicio que acabas de aprender para re-energizarlas como sea necesario.

Después de la meditación que hemos proveído, pensamos que un poco de variedad podría necesitarse. En lo que adoptas el estilo de vida del poder Chakral (y no te engañes, cuando hayas aprendido la eficacia de este sistema querrás adoptarlo en tu estilo de vida) querrás incorporar esta sabiduría en varios aspectos de tu vida. Es por esto que hemos compilado un listado de alimentos asociados a los 7 Chakras para que puedas fortalecer tus energías a través de la asociación de los colores al mismo tiempo que nutres tu cuerpo con deliciosa comida. Velo como una estrategia culinaria para mantener balanceada o fortalecida un punto Chakral en específico.

Alimentos Chakrales

Chakra de la Raíz- Color: Rojo

- Fresas, cerezas, espagueti con tomate rojo o con salsa de carne. Pepinillos *Red Bell* en tu ensalada, tomate, manzana roja... Sé creativo. Hay muchos alimentos rojos que pueden satisfacerte mientras fortaleces al Chakra de la Raíz.

Chakra Sacral- Color: Naranja

- Naranja, mandarina, melón... todos buenos ejemplos. Si te gusta la comida china, el cerdo agridulce con salsa anaranjada y el Orange Chicken (pollo naranja) también son maneras deliciosas de llenar tu estómago y fortalecer tu Chakra Sacral.

Chakra del Plexo Solar- Color: Amarillo

- Plátano, squash amarillo, y elote son los principales ejemplos. Piña fresca y varios tipos de queso amarillo también son una manera saludable e inteligente de fortalecer tu Chakra del Plexo Solar a través del gusto.

Chakra del Corazón- Color: Verde

- Ensalada, brócoli, espinaca, pepinillo verde, manzana verde, quimbombó (y si eres de los estados sureños de Estados Unidos, el quimbombó frito está muy cerca del corazón), y el melón verde son todos buenos alimentos para fortalecer este Chakra.

Chakra de la Garganta- Color: Azul

- Un plato delicioso de moras azules es un aperitivo saludable que se alinea con el color de la Chakra de la Garganta.

Chakra del Tercer Ojo- Color: Índigo

- Frijol negro, y la ciruela son azules con tonos

de negro, y así, hacen una buena comida o botana con un color receptivo a tu mente de tus meditaciones respecto al Chakra del Tercer Ojo.

Chakra de la Corona- Color: Violeta

- Berenjena, zanahoria morada, uvas, col morada o rizada, son las matices correctas para alimentar a la Chakra Corona mientras te alimentas a ti mismo.

Ahora que ya tienes los suplementos necesarios para tu dieta y has creado una colección de piedras Chakrales, discutamos una meditación que puedes hacer con cristales para alinear tus Chakras.

Los cristales son medios poderosos para alinear tu Chakras. Por naturaleza, en los cristales mas finos obtienes una propiedad llamada "Estructura Cristalina", que viene siendo una alineación simétrica tridimensional de los átomos, y en todo el entorno del cuerpo del cristal. Con esto, tomamos ventaja de dicha simetría para obtener el equilibrio de nuestros Chakras con el siguiente ejercicio:

Alineamiento de Chakras con Cristales

Primero necesitamos obtener los cristales. Cada objeto de la lista inferior es un cristal que contiene las propiedades del color junto con la estructura cristalina, la cual es deseable para el alineamiento de tus Chakras. Estas pueden obtenerse fácilmente a través de eBay o una tienda de gemas o minerales.

- Chakra de la Raíz- Rojo- Cuarzo Rosa
- Chakra Sacral- Naranja- Cristal naranja calcita
- Chakra del Plexo Solar- Amarillo- Cristal citrina amarillo
- Chakra del Corazón- Verde- Cristal dioptasa
- Chakra de la Garganta- Azul- Cristal celestina (también conocido como celestita)
- Chakra del Tercer Ojo- Índigo- Cristal tanzanita (busca los tonos azul oscuro / negro índigo)
- Chakra del Corazón- Cristal amatista

1. Una vez obtenidos los cristales, cuando estés listo para empezar a limpiarlos, colócalos brevemente en una solución de agua con sal para purificarlos, después se limpian con agua fría una vez que la sal haya hecho su función de purificar, así terminas con una

pieza de cristal libre de residuos, limpio y purificado.
2. Encuentra un espacio confortable en tu casa o en la naturaleza (llévate un *sleeping bag* para acostarte por si no tienes una superficie suave, el patio trasero está bien si no cuentas con un lugar privado en un bosque cercano).
3. Acuéstate boca arriba y comienza tus ejercicios respiratorios para entrar en un estado de relajación y receptivo.
4. Empieza colocando los cristales en tus puntos Chakra, recitando el nombre Sanskrit de cada uno al colocar el cristal. La Chakra de la Corona irá por encima de tu cabeza, pero todas las demás irán sobre tu cuerpo. Haz esto lentamente, visualizando el brillo de la luz de cada punto Chakra, cómo ilumina el cristal que conduce la energía como ese circuito antiguo que es. Visualiza el punto Chakra en tu cuerpo adquirir la simetría de la estructura cristalina, y como las energías se van alineando en tu cuerpo.
5. Déjalos en su lugar y concéntrate en visualizar todas las Chakras juntándose y formando una simetría compleja. Tradicionalmente es visto como una serie de

halos circulares alrededor del cuerpo, pero deja que tu imaginación escoja la forma que tome. Quizá veas tus energías Chakrales como un gran cristal abarcándote, con capas perfectamente alineadas, y con todos los colores apropiados. Sigue tu intuición y creatividad personal.
6. Acuéstate por 5 a 10 minutos y después mueve los cristales, colocándolos en un lugar seguro. Te recomendamos obtener una caja solo para ellos, ya que no los estarás transportando y solo deberán usarse para este ejercicio de alineación en específico.

Ahora que hemos explorado un ejercicio básico con cristales, introduzcamos otra manera que puedes estimular tus puntos Chakra. La aromaterapia ha sido usada por miles de años como un medio para mejorar la salud y bienestar mental. Pues bien, resulta que también aplica para la estimulación de los Chakras. A continuación hay un listado de aceites esenciales que puedes usar para estimular varios puntos Chakra.

Aceites Esenciales para el Chakra

Chakra de la Raíz

- Rosewood
- Frankincense
- Patchouli

Chakra Sacral

- **Cardamom**
- **Jasmine**
- **Clary Sage**

Chakra del Plexo Solar

- Juniper
- Hyssop
- Pine

Chakra del Corazón

- Ylang Ylang
- Bergamot
- Rose

Chakra de la Garganta

- Blue Chamomile
- Peppermint

- Lavender

Chakra del Tercer Ojo

- Lemon
- Rosemary
- Sandalwood

Chakra de la Corona

- Rosewood
- Frankincense
- Neroli

Alternadamente, las sales de baño de los mismos aromas son también una forma maravillosa de estimular tus Chakras mientras te relajas. También puedes ungir tus piedras Chakrales con estos aceites para agregar un poco de carga adicional o para fines de olfato en tus meditaciones con Chakras específicos. Los aceites esenciales son una excelente adición a su creciente colección de herramientas para mejorar y desbloquear tus Chakras, así que considera adquirirlos lo antes posible.

Ahora que hemos repasado algunas bases del Chakra

para que comiences, vamos a proceder y discutir otro medio para engrandecer tu vida.

Kundalini. ¿No sabes lo que es? No te preocupes. En el próximo capítulo veremos exactamente lo que es el Kundalini, un poco sobre su historia, y lo que puede hacer por ti. Procedamos al Capítulo 8.

ENERGÍA KUNDALINI- HISTORIAL DE ANTECEDENTES Y ENTENDIENDO EL KUNDALINI

Y bien, hemos aprendido ya sobre las energías Chakrales, ahora es momento de aprender de otra energía poderosa que puedes aplicar en tu vida de muchas, muchas maneras. Estamos hablando, por supuesto, del Kundalini. Entonces, ¿qué es el Kundalini?

El Kundalini es referido con frecuencia como la "Serpiente de Poder", ya que es una energía que se enrosca 3 veces y media en la base de tu columna, terminando en el hueso sacro. Interesantemente, los Egipcios y los Griegos consideraban el hueso Sacro metafísicamente significativo. Es el último hueso en quemarse durante la cremación e incluso el nombre Latino, "Os Sacrum", sugiere que está relacionado con lo divino.

Tu energía Kundalica se enrosca a la base de tu columna y nutre el Árbol de Vida dentro de todos nosotros y puede ser usado en conjunto con tus Chakras o incluso por su propia cuenta. Es considerada una energía femenina. Y, ¿para qué puede ser usada? Exploraremos un poco sus aplicaciones en este capítulo, seguido por un capítulo que te enseñará a prepararte para un despertar Kundalico. Después procederemos con ejercicios que puedes utilizar. Primero, sin embargo, comencemos con un poco de historia y etimología del Kundalini.

El Kundalini, al igual que las Chakras, fue mencionado por primera vez en los Upanishads. Esto significa que se remonta desde 1000 y 1500 a.C. La raíz Sanskrita del nombre, "kundalini", significa literalmente "circular", reflejando la bobina de enrgía de donde el "Poder Serpentino" es formado. Se dice que la energía sale de la Chakra de la Raíz al despertar, se enreda desde la columna hasta por encima de la cabeza. Entonces, ¿qué es un despertar Kundalino? Dicho de una manera sencilla, es el momento en tu vida cuando la energía Serpentina se vuelve activa. Esto puede manifestarse de varias maneras y, desafortunadamente, no todas son placenteras. Dicho esto, el reconocimiento de un despertar Kundalino puede ayudarte a dirigir tu atención hacia el desarrollo de este poder para poder utilizarlo solo para fines benéficos.

Ahora, ¿cuáles son las señales de un despertar Kundalino? Hay varios de ellos que enlistaremos. Cabe mencionar, que si has experimentado un despertar, tienes mucha, mucha suerte. Menos de la mitad de las personas en el mundo experimentarán una. Aprovecha este regalo y desarrolle esta energía y tu vida será más rica y plena. Dicho esto, aquí hay algunas señales de que podrías estar experimentando un Despertar Kundalino:

- Una repentina conciencia de un destino. Descubres que sabes exactamente lo que deseas hacer con tu vida. Lo que será más gratificante y propicio para la felicidad y el crecimiento personal. Esto puede golpearte de la nada y es una señal poderosa de un despertar Kundalino. Dicho esto, lo inverso también puede ocurrir, como en nuestro siguiente ejemplo.
- Tu vida se desmorona de repente. Todo lo que te funcionó en tu vida "anterior", todos los trucos y métodos utilizados para hacer frente y triunfar te están fallando de repente. Esto no es necesariamente algo malo, pero

puede ser algo muy fuerte. Necesitarás revisar varios aspectos de tu vida para decidir qué necesitas eliminar. Este es el comienzo de tu viaje para volverte la persona en la que te estás convirtiendo. Se necesitará valor y el apoyo de amigos, pero si puedes mantener a raya tus miedos y seguir adelante, saldrás mejor por ello

- Puede producirse ansiedad e insomnio debido a repentinas explosiones de energía. Las manifestaciones físicas pueden incluir temblores. Es probable que los médicos no tengan idea de qué hacer o podrían recetarle medicamentos que en realidad no necesites. En tales casos de un despertar violento de tipo Kundalini, querrás examinar tus energías tanto del Chakra como del Kundalini a través de meditaciones para que puedas aprender a conducir mejor el flujo de estas energías repentinas.
- Puede ocurrir una intuición poderosa y un entendimiento espiritual con la que no contabas anteriormente. Por lo general, se manifestará periódicamente en ráfagas rápidas, como saber por instinto que alguien sería tóxico o benevolente para ti o podrías

experimentar meditaciones ocasionales que tienen más poder que el experimentado anteriormente. Esto es algo que querrás cultivar y te diremos varias formas en que esto se puede lograr en el siguiente capítulo.
- Puede ocurrir una experiencia repentina de felicidad divina. De pronto comprendes, aunque solo sea por un breve momento, tu lugar en el universo y todo lo demás. Este es uno de los signos más poderosos de un despertar de Kundalini.
- Puedes sentir energía o un calor intenso que se eleva desde la base de tu columna vertebral hasta tu Chakra de la Corona. Esto puede ocurrir durante una meditación particularmente poderosa, o incluso en un momento aparentemente aleatorio, como cuando estás disfrutando de la naturaleza.
- Es posible que haya un aumento en la sensibilidad. Quizá descubras que puedes identificar todos los ingredientes individuales de los alimentos que estás consumiendo. Es posible que de pronto tengas en tu poder una visión repentina o una conciencia avanzada similar hacia los comportamientos de las personas en tu vida.

Comienzas a notar las energías de lugares particulares, tanto en lugares buenos como malos. Esta es otra gran señal de un despertar Kundalino y un indicador de que debes comenzar a desarrollar estas energías de inmediato.
- De pronto te ves obsesionado con probar cosas nuevas. Quizá sientas de repente ganas de hacer paracaidismo, o sentir la necesidad de comenzar a ir al gimnasio regularmente. Tal vez se manifieste en un impulso repentino de viajar que pareciera no poder desaparecer. Esta es otra señal poderosa de que tu poder Serpentino ha despertado.
- De pronto te das cuenta que es tu Ego el que te ha estado frenando todo este tiempo. Esto es bueno, ya que te da la oportunidad de soltarte para conectarte mas con la vida que te rodea.

Ahora que hemos descrito algunos síntomas que pueden indicar que has tenido un despertar de Kundalini, hablemos un poco sobre sus usos. El Kundalini se puede utilizar para manipular la energía Chakral, por ejemplo. A través de los mantras del Kundalini, también se puede lograr una serie de cosas, como la protección contra el daño, un incremento en la creatividad y la dispersión del miedo y la ansiedad. Aquí hay algunos otros beneficios de un Kundalini despierto que puedes experimentar:

- Liberación de pensamientos reprimidos y 'bagaje' emocional.
- Un estado elevado de conciencia.
- Es posible que envejezcas más lentamente, conservando un aspecto más juvenil del que tendrías si tuvieras un envejecimiento ordinario.
- Puede surgir un mayor sentido de percepción, donde eres más sensible a las imágenes, los sonidos, los olores y los colores.
- Una fuerte sensación de paz puede entrar en tu vida.
- Puedes experimentar una mayor conexión espiritual con las personas y los lugares que le rodean.

Estos son solo algunos de los beneficios que podrían ocurrir con un Chakra Despierto. En nuestro próximo capítulo, hablaremos de la preparación para despertar tu Kundalini, para que puedas estar listo. Como mencionamos en este capítulo, cuando la energía se despierta, puede ser una experiencia bastante poderosa, por lo que queremos asegurarnos de que estés completamente preparado. Es muy importante que no omitas estos pasos o podrías experimentar algunos de los síntomas negativos que hemos discutido anteriormente. Practica la paciencia y pronto podrás experimentar tu despertar Kundalino para que puedas empezar a practicar la manipulación de esta poderosa energía. Pasemos al siguiente capítulo para que podamos prepararte.

PREPARATIVOS Y PASOS PARA LIBERAR EL PODER DE LA SERPIENTE

Si aún no has experimentado un despertar de Kundalini, hay maneras de preparar tu cuerpo y mente para estar preparados y receptivos a su liberación. En este capítulo vamos a discutir estos preparativos para que estés listo cuando la energía Serpentina se despierte dentro de ti. Primero, veamos los preparativos del cuerpo

Preparación del Cuerpo

La preparación del cuerpo es relativamente sencilla. Aquí hay 3 elementos en los que debes enfocarte para asegurar que tu cuerpo esté preparado.

- Haz ejercicio durante una semana antes de

proceder para que tu cuerpo sea un conducto más saludable para las energías.
- Trata de evitar la comida chatarra, aférrate a las ensaladas y otras comidas más saludables.
- Practica tus ejercicios de respiración. Querrás asegurarte de poder seguir los patrones de respiración adecuados sin tener que contar conscientemente los momentos en los que inhalas, sostienes y exhalas.

Preparación de la Mente

Es importante que prepares tu mente para el despertar de tus energías Kundalini. Esta es una lista más grande de artículos, ya que es muy importante tener la mente en orden para que puedas ser receptivo a las energías que se agitarán con tu despertar Kundalino y evitar mejor algunos de los escollos. Hay cosas que querrás hacer:

- Una semana de meditación diaria. No necesitas concentrarte en esta meditación, solo una limpieza de la mente. Calma todos tus pensamientos y simplemente permítete escuchar, oler, escuchar y sentir el mundo que te rodea. Esto te relajará y tendrás una mentalidad adecuada para continuar.

- Muestra seriedad en tu intento de despertar tu Kundalini. Esto no es algo que pueda quedarse a mitad del camino y esperar que te cambie la vida, por lo que debes ser serio en tu intención y firmeza en creer que esto es <u>exactamente</u> lo que quieres hacer.
- Mantén la mente libre de conflictos emocionales. El despertar del Kundalini puede ser una experiencia discordante y si no eres capaz de lidiar sentimientos como la ira, los celos o la preocupación, entonces aún no estás listo.
- No prestes atención si alguien te ridiculiza por querer hacer esto. Hay escépticos y otras personalidades tóxicas en todas partes, minimiza el contacto con estas personas cuando te sea posible. Sabes lo que es mejor para ti.
- Equilibra tu energía del Chakra con anticipación para que no haya bloqueo. Piensa en la energía Kundalini como un generador de poder. No querrás conectarlo si algunos de los circuitos ya estaban fritos, así que asegúrate de realizar la meditación para equilibrar tus Chakras antes de proceder.

- Comprende que la energía puede manifestarse destructivamente al principio. Esperemos que este no sea el caso, pero como se mencionó anteriormente en la lista de síntomas del despertar de Kundalini, a veces puede resultar en ansiedad u otros 'efectos secundarios' indeseables. Estate listo para meditar o tener a la mano tus cristales para la alineación de los Chakra en caso de ser necesario. Pero sobre todo, no te preocupes. Hay una gran variedad de reacciones que uno puede obtener al despertar de esta energía, y lo más probable es que sea una reacción positiva, aún así, estate preparado

Una vez que te hayas preparado por una semana con los pasos que hemos descrito, deberás estar listo para comenzar la experiencia inicial. Si tu Kundalini no se despierta la primera vez que lo intentas, no te preocupes. Siempre puedes volverlo a intentar o, si es necesario, buscar la ayuda de un Gurú que te ayude a despertar esta energía si está demostrando ser realmente resistente. Si tieneS que volver a intentarlo, esperA unas semanas antes de hacerlo. Es importante no intentar forzar esta energía para que esta despierte. Si no responde, podría haber un problema mental o espiritual que debe abordarse antes de poder liberar esta energía de una manera segura.

Ahora que estamos preparados, procedamos. Comenzaremos con un primer paso necesario para Acceder a tu Canal Central para que la energía tenga un lugar adonde ir (más sobre eso en breve). Seguiremos esto con técnicas que podrás usar para despertar tu energía Kundalini.

Accediendo al Sushumma Nadi (tu Canal Central)

Tu Canal Central es el Nadi, o 'canal de energía', que está asociado con tu crecimiento espiritual. Es importante fortalecer este canal, ya que será utilizado por tu energía Kundalini. Los medios para activar este canal son los siguientes:

1. Ve a tu lugar de meditación cómodo favorito. Siéntate, cierra los ojos y comienza tus ejercicios de respiración.
2. Concéntrate en tu Sacro (en la base de la columna vertebral, cerca del coxis). Haz esto hasta sentir un palpitar o una vibración de energía. Una vez que la hayas encontrado, comienza a repetir el siguiente

mantra. Sa Ta Na Ma. Este mantra se llama Panj Shabad (y hablaremos más sobre mantras en el próximo capítulo, solo para que lo sepas). Se traduce como "Infinito, Vida, Muerte, Renacimiento" y es ampliamente utilizado por los practicantes del Kundalini.

3. Siente la energía vibrante mientras se mueve lentamente por tu columna vertebral. Visualiza la energía que llena tus áreas de la pelvis y abdominales. Deja que la energía empuje cuando parezca alcanzar su límite. Véalo aumentar en capacidad y tamaño.

Ahora que has preparado este centro espiritual, estamos listo para proceder a las técnicas.

Técnicas para Despertar la energía Kundalina

1. Comienza tus ejercicios respiratorios, pero vamos hacer algo diferente. Querrás visualizar tu respiración como poder, subiendo desde tu Chakra de la Raíz mientras inhalas, yendo después hacia el Chakra Sacral, yendo después al Chakra del Plexo Solar. Deja que continúe hasta el Chakra del Corazón, el Chakra de la

Garganta, tu Chakra del Tercer Ojo y finalmente, al Chakra de la Corona.

2. Manten la energía en la Chakra Coronal por unos momentos (dependiendo de tu patrón de respiración elegido), y luego cuando exhales, repita el proceso en reversa mientras recitas el Mantra 'Sat Nam' (Uno de los Mantras más utilizados , esto se traduce como 'La verdad es mi Identidad'). Permite que el poder pase de tu Chakra de la Corona a tu Chakra del Tercer Ojo y luego al Chakra de la Garganta. Deja que continúe hacia el Chakra del Corazón, el Chakra del Plexo Solar, el Chakra Sacro y, por último, el Chakra de la Raíz.

3. Como el Despertar del Kundalini es por lo general realizado por un Gurú, vamos a hacer una pequeña visualización creativa en un intento de negar este requisito. Visualiza a alguien en tu vida o a alguien quién hayas leído sobre y que consideres un gran maestro espiritual. Esto alineará sus energías con las tuyas. Menciona su nombre mientras inhalas y exhalas. Si te sientes incómodo con esto, puedes decir 'Ilumíname' en su lugar. Siente cómo la energía de la Serpiente se

desenvuelve a medida que sube por tu cuerpo, potenciando tus Chakras y llenándote de energía.

En caso de que no obtengas los resultados a través de este método en particular, ahora que has accedido a tu Sushumna Nadi, hay formas en que puedes intentar convencer a un Despertar con menos prisa. Aquí hay algunas técnicas más para ti:

- Si estás familiarizado con el Yoga de Kundalini, puedes practicar Asanas. Las asanas son una excelente manera de promover un despertar Kundalini (y también son útiles para muchas otras cosas).
- Consigue música meditativa y danza al escucharla. Deja que la música guíe tu danza. El estado mental que produce te conduce a un despertar de Kundalini.
- Una meditación diaria puede preparar a uno para el despertar del poder Serpentino.
- El canto de Mantras puede alentar un despertar de Kundalini (y son buenos para muchas cosas diferentes, como veremos en el próximo capítulo)
- Concéntrate en 1 hora al día en tus

pasatiempos o intereses después de realizar la meditación Sushumna. Esto produce un enfoque en tu ser y también puede llevar a un despertar de Kundalini lento y poderoso.

Ahora que hemos discutido los preparativos y técnicas que pueden emplearse para inducir un despertar de Kundalini, pasemos al Capítulo 10 "Meditación estilo Kundalini y otros Ejercicios". Allí hablaremos de meditaciones y mantras que pueden ayudarte a fortalecer y hacer crecer tu energía Kundalini, así como también discutiremos una serie de aplicaciones diferentes que también puedes usar en tu vida. Sigamos ahora y aprendamos más.

MEDITACIÓN ESTILO KUNDALINI Y OTROS EJERCICIOS

*E*n este capítulo te enseñaremos algunas meditaciones y Mantras que podrás usar para ejercer tu poder de la Serpiente. Hay una variedad de cosas que puedes hacer con esta energía e incluiremos ejemplos de diversas maneras a medida que avancemos en este capítulo.

Entonces, ¿qué son las Mantras? ¿Cómo los aprendo y uso? Primero, te vamos a enseñar una técnica de aprendizaje que lo ayudará a aprender Mantras (y cualquier otra cosa que desees aprender, en realidad) de una manera rápida.

Aprendiendo Mantras

Te presentaremos una técnica de variación fácil que

simplifica el aprendizaje. Este método de aprendizaje se llama 'Súper aprendizaje' e implica el uso de la música para abrir el hemisferio izquierdo de tu cerebro, el lado de la creatividad, mientras que el lado derecho, el de la lógica, también aprende. Las cosas que se aprenden de esta manera no se olvidan pronto. Necesitarás una grabadora (tu computadora portátil funcionará para esto o bien puede usar tu teléfono celular).

Aquí están los pasos:

- Grabarse recitando el Mantra o Mantras que deseas aprender. Habla con modulación en tu voz. Algunas veces di las palabras con un tono agudo, otras veces con un bajo estruendo. Es importante que la modulación de tus patrones de voz sea variada. No hables en tonos uniformes, más bien, mueve tu voz hacia arriba y hacia abajo en tono y espectro.
- Toca algo de música, preferiblemente instrumental, para que no te encuentres cantando inadvertidamente.
- Siéntate cómodamente y comienza tus ejercicios de respiración.
- Escucha la grabación mientras se reproduce

la música. Repite las palabras que escuchas. La combinación de la música y los patrones de voz modulados te ayudarán a recordar con una capacidad mejor y más potente.
- Una vez que conoces los Mantras de memoria, estás listo para proceder a meditar más profundamente.

Ahora que sabe cómo aprender de los Mantras para poder integrarlos en tus Meditaciones, aquí hay algunos Mantras que puede usar. Hay más disponibles que puedes buscar, pero considera esto una introducción, algo para comenzar, hasta que estés listo para más. Incluso el dominio de lo que hemos proporcionado aquí agregará un inmenso poder a tu vida; de hecho, es posible que no necesites nada más, pero la experiencia nos muestra que alguna vez buscarás aprender más. Tal como deberías.

Sin más preámbulos, aquí están tus Mantras iniciales:

Mantras

Mencionamos Mantras anteriormente, pero en realidad aún no hemos entrado en ellos con ningún detalle. Entonces, ¿qué es un mantra? Un mantra es una "expresión sagrada", que se cree que tiene poder psicológico o espiritual. Por lo general, las palabras en el idioma sagrado indio Gurmukhi, se dice que estas palabras tienen poder, incluso cuando se desconoce el significado por la persona quien las pronuncia. Te hemos compilado una lista larga de Mantras, algunos de uso muy extendido por los practicantes de Kundalini y otros un poco más oscuros. Sirven para varios propósitos, como verás. Intenta agregar Mantras a tus meditaciones para enfocarte directamente y lograr los efectos deseados.

Mantra: "Om"

Traducción: No se le da ni una traducción, se dice que "Om" es el primer sonido que se escuchó al comienzo de la existencia del universo.

Propósito: Posiblemente la palabra Mantra más conocida en esta lista, Om es una poderosa palabra sagrada que puedes usar durante tus meditaciones. Cuando menciones la palabra, ve los puntos Chakra fortaleciéndose, comenzando desde la Raíz y hasta la Corona. También se dice que este Mantra aumenta sus habilidades de comunicación, ya que desbloquea y fortalece el Chakra de la Garganta.

Mantra: "Akal, Maha Kal"

Traducción: Inmortal, Gran muerte.

Propósito: Este poderoso Mantra tiene como propósito eliminar el miedo y la ansiedad a través del relajamiento de la mente. Úsalo según sea necesario si sufres de ansiedad y estás seguro de ver mejoras.

Mantra: 'Ong Namo, Guru Dev Namo'

Traducción: "Invoco la sabiduría divina"

Propósito: Utilizado tradicionalmente antes de una sesión de Yoga de Kundalini, este Mantra también puede emplearse antes de tus sesiones de meditación estándar. Se cree que sintoniza la mente del practicante con la sabiduría.

Mantra: 'Ong Sohung'

Traducción: "Yo soy la conciencia creativa"

Propósito: Esta Manta puede usarse para estimular la creatividad y abrir el Chakra del Corazón.

Mantra: 'Wahe Guru'

Traducción: 'El éxtasis de la indescriptible sabiduría divina'

Propósito: Este Mantra representa el éxtasis de la sabiduría divina. Puede usarse para aumentar las habilidades organizacionales de uno, y para ayudar en la auto-transformación. Usa este Mantra en las meditaciones al principio de tu práctica del Kundalini para ayudarte a desarrollar tus habilidades más rápidamente a medida que te vuelvas más experto en la manipulación de energía de Chakra y Kundalini. Este mantra también eleva la energía del espíritu.

Mantra: 'Sat Nam'

Traducción: "La verdad es mi identidad"

Propósito: Este es un poderoso Mantra, a veces descrito por la relación entre la semilla y el árbol. La semilla es joven y, sin embargo, contiene toda la sabiduría y majestuosidad del gran árbol en el que se está convirtiendo. La invocación de este Mantra en la meditación puede ayudar a concentrarte en tu destino, así como en el despertar de tu energía Kundalini.

Mantra: "Har"

Traducción: 'El infinito creativo'

Propósito: Este Mantra puede usarse en tus meditaciones para inspirar la creatividad. Concéntrate en su Chakra Sacral para impulsarlo con este Mantra y tendrás una sobreabundancia de creatividad para aprovechar tus planes y proyectos.

Mantra: 'Hum Dum Har Har'

Traducción: "Somos el Universo, el Infinito Creativo"

Propósito: Promueve la paz y la tranquilidad, así como la estimulación de los Chakras del Sacro, del Tercer Ojo, y de la Corona. Usa este Mantra para estimularlos para el enfoque específico de estos tres Chakras y tu energía Kundalini.

Mantra: 'Prana, Apana, Sushumna, Hari. Hari Har, Hari Har, Hari Har, Hari '

Traducción: Prana es energía vital. Sushumna, como mencionamos antes, es el canal central, y Har es el Infinito Creativo.

Propósito: Este es un poderoso Mantra para la sanación. En tus meditaciones, mientras cantas el Mantra, siente como la energía curativa fluye desde tu columna vertebral y se mueve hacia las áreas afectadas que deseas sanar. Estas energías pueden ayudarlo a sanar más rápidamente, así que asegúrate de aprender y usar este Mantra con frecuencia.

Mantra: 'Ad Guray Nameh, Jugad Guray Nameh, Sat Guray Nameh, Siri Guru Devay Nameh'

Traducción: "Me inclino ante el maestro principal quién nos lleva a la inspiración divina, me inclino ante las antiguas sabidurías, me inclino ante la verdadera y oculta sabiduría".

Propósito: Este es un Mantra protector. Cuando sientas que estás siendo contaminado por personalidades tóxicas o si estás padeciendo de ansiedad e invocas protección espiritual, usa este Mantra en una meditación. Observa una poderosa luz blanca que te rodea mientras recitas las palabras. Este es otro buen Mantra para memorizar.

Mantra: 'Gobinde, Mukunde, Udare, Apare, Haring, Karing, Nirname, Akame'

Traducción: 'Sustentador, Libertador, Iluminador, Infinito, Destructor, Creador, Sin nombre, Sin Deseo'

Propósito: Este Mantra funciona con meditaciones del Chakra del Corazón, ayudándote con la empatía, paciencia, tolerancia y compasión. También se dice que da un equilibrio a las desarmonías del cerebro. Usa esto para lograr la compasión y el enfoque mientras fortaleces tu Chakra del Corazón con este poderoso Mantra Kundalini.

Mantra: 'Sat Narayan, Wha He Guru, Hari Narayan, Sat Nam'

Traducción: Hari Narayan es "sustento creativo", y "Narayan" representa las formas infinitas que el agua puede adquirir.

Propósito: Este Mantra Kundalini puede ser evocado para promover la sanación y la claridad de pensamiento. Si ha ocurrido algo traumático o impactante y te sientes desequilibrado, invoca este Mantra en la meditación para centrarte y fortalecer la salud de tu cuerpo.

Mantra: 'Ek ong kar sat nam siri wha hay guru'

Traducción: Traducción mas próxima, "El Creador y la Creación son uno en el éxtasis y la dicha de la sabiduría".

Propósito: Conocido como el 'Adi Shakti', se dice que este Mantra abre a uno hacia la conciencia infinita del universo. Este Mantra puede usarse para energizar el Plexo Solar y reducirr las cadenas del ego, abriéndote más al universo.

Mantra: 'Ra Ma Da Sa Sa Say Sohung'

Traducción: Desconocido

Propósito: Este Mantra estimula los factores curativos de tu cuerpo y mente a través de la energía Kundalini.

Mantra: 'Sa Re Sa Sa'

Traducción: desconocido

Propósito: Este Mantra se usa para eliminar la negatividad a través del poder del Infinito Creativo.

Mantra: 'Har Har Har Har Gobinday'

Traducción: Desconocido

Propósito: Este Mantra se puede usar para disipar la negatividad asociada con la contemplación excesiva del pasado. Usa este para superar los temores relacionados con lo que eras antes para poder avanzar hacia lo que serás.

Mantra: 'Dhan Dhan Ram Das Gur'

Traducción: Desconocido

Propósito: Este Mantra invoca la guía espiritual a través de las energías del Guru Ram Das. Ram Das fue un poderoso Sikh Guru del siglo XIV (definitivamente vale la pena buscarlo en google). Como se mencionó en capítulos anteriores, la alineación con las energías de un gran maestro puede ser beneficioso. Este mantra en particular se usa para invocar milagros en situaciones en las que no pareciera haber una solución posible.

Mantra: 'Chattar Chakkar Varti'

Traducción: Desconocido

Propósito: Este es un poderoso Mantra para invocar valor. Cuando la ansiedad o los miedos te acosen, encuentra un lugar cómodo para sentarte y meditar mientras recitas este Mantra. Te fortalecerá para tener éxito mediante el destierro de tus miedos y preocupaciones.

Mantra: 'Ek Ong Kar'

Traducción: "El Creador y la Creación son uno"

Propósito: Este es un Mantra que puede usarse para alentar un despertar Kundalini. Aumenta la conciencia universal y la armonía espiritual. Este Mantra a menudo se entrelaza con otros Mantras para aumentar estos aspectos de las aplicaciones del Mantra.

Mantra: "Ardas Bhaee Amar Das Guru, Amar Das

Guru, Ardas Bhaee, Ram Das Guru, Ram Das Guru, Ram Das Guru, Sachee Sahee".

Traducción: Desconocido

Propósito: Este es otro Mantra que invoca las energías iluminadas del Guru Ram Das. Se usa como un mantra de oración, utilizado para combinar las energías del espíritu, el cuerpo y la mente en un enfoque combinado para lograr el resultado por el cual estás orando.

No todos los Mantras necesitan estar en Gurmuhki, también puedes usar Mantras en Español que hayas hecho tú mismo o sacado de citas que has encontrado particularmente auspiciosas, inspiradoras o que contengan otros significados particulares para ti. Por ejemplo:

Mantra: 'Primero fui tres personas. Quién era, quién soy y en quién me estaba convirtiendo. Ahora soy todo y nada.

Propósito: Use este Mantra para promover el crecimiento personal y en una unificación con el universo. Mientras recitas las palabras, deja que tu ego se vaya de ti. Cierto ego es bueno, ya que te impulsa, pero un ego sobre desarrollado puede detenerte. Sé humilde y dispuesto a aprender lo que el universo tiene para enseñarte.

Mantra: "Si me preocupo toda la noche, estaré cansado por la mañana cuando deba enfrentar este problema".

Propósito: Basado en un viejo dicho Vikingo: "Si pasas toda la noche preocupándote por la batalla, estarás cansado por la mañana cuando sea hora de luchar". Esta poderosa afirmación puede ayudarte a eliminar la ansiedad. Repite el original o la variación que te hemos enseñado mientras visualizas la ansiedad abandonando tu cuerpo durante esta meditación. Esto puede ayudarte a adquirir la paz que necesitas para superar los obstáculos en tu camino.

Mantra: 'Deseo aprender. Entiendo que no sé nada, pero me enseñaré a escuchar.

Propósito: Recita esto mientras visualizas cada uno de los Chakras. Di sus nombres Sanskritos mientras realizas la primera meditación de los Chakras que te proporcionamos. Manten todos los demás pensamientos fuera de tu mente. En cambio, escucha el silencio y date permiso de aprender en un nivel más primitivo y fundamental. El lenguaje del espíritu no siempre puede expresarse en palabras, aunque a veces surge el poeta ocasional de vez en cuando que puede hacerlo. Una vez que lo comprendes, no importa si puedes ponerlo en palabras o no. Lo único que importa son los resultados y una comprensión profunda de los Chakras y del "yo".

Mantra: 'La simplicidad es la clave. El silencio ruge. El Sabio aprenderá que es sabiduría.

Propósito: La tranquilidad y la lógica no necesariamente hacen buen juego. Esa es una razón por la que a menudo envidiamos a los ignorantes. Parecen muy felices La razón es que, debido a su naturaleza, no piensan demasiado en las cosas. Aprender a dejar de lado tus preocupaciones, el ego y tu enfoque puede enseñarte cómo reconocer las variables que se encuentran justo al borde de tu percepción. Contempla esto. Pon un alto a tu mente y a tu lógica, por una vez. Un poco de nostalgia es probablemente el mejor ejemplo de este modo de pensar. ¿Recuerdas los dibujos animados de El Correcaminos? Wile E Coyote perseguía al Correcaminos por todas partes, a veces incluso siguiendo un rastro falso desde un acantilado. Nunca caía hacia abajo hasta que el Correcaminos le señalaba que estaba flotando en el aire, y que ya no en tierra. Haz a un lado la rigidez de reglas y el pensamiento ordenado, y tu mente y espíritu también pueden flotar. Es absurdo, pero profundo, muy parecido al resto de la vida. Pruébalo por ti mismo y verás los beneficios de la disociación. La Felicidad Divina yace en ser todo ... y nada.

Mantra: 'Los poderosos arboles de roble sobre todos nosotros. Una vez, solo fue una bellota, como yo.

Propósito: Este Mantra nos recuerda que un profundo crecimiento espiritual puede lograrse al convencer a las pequeñas brasas de un deseo de ser más sabios y más espirituales. Lo que fue alguna vez solo carbones quemando despega la imaginación y arderá, transformando la escoria del yo de los materiales en combustible y transformando aún más el espíritu en la energía salvaje que puede ser, como el Fuego. Mientras meditas sobre esto, mírate transformándote en la bellota (o una semilla de tu elección si tienes una planta que es sagrada para ti). Con humildad, entras en la oscuridad de la Tierra. Observa los cielos que están sobre ti al mismo tiempo que ves la prisión nutritiva a la que te has consignado, con el conocimiento y la sabiduría de que sabes que es lo que necesitas para crecer. Contempla esto. Para la semilla, todo es oscuridad, humedad y fertilizante, hasta que lo que era solo el núcleo de una vida se esfuerza por salir a la superficie, la rompe y sale al sol. Deja que el Mantra te recuerde que aquellos que son humildes pueden volverse poderosos si tan solo comprenden que hay luz más allá de la oscuridad inherente que nos moldea, exactamente de la manera en que necesitamos ser moldeados. Después de todo, ¿no nos enseña la Naturaleza que el nacimiento siempre es doloroso? Use esta meditación para aumentar su paciencia, resistencia y para alcanzar la paz que necesitas como sustento a medida que creces como el poderoso roble.

EL TERCER OJO: ENTENDIENDO Y LIBERANDO EL SEXTO SENTIDO.

Hemos incluido este capítulo porque esta es un área de estudios del Chakra y el Kundalini en la que muchos están interesados. El Chakra de la Corona es el asiento de la energía espiritual, sin embargo, como hemos discutido en capítulos anteriores, el Chakra del Tercer Ojo es donde reside la conciencia espiritual. Por lo tanto, el empoderamiento de este Chakra puede brindar una mayor intuición y una mejor comprensión del flujo del universo que nos rodea. El Chakra del Tercer Ojo también resalta la lógica, como si fuera un amigo generoso que te ofrece algo que quieres y un regalo misterioso. Sabes que hay algo bueno en la caja misteriosa, solo tienes que aprender a confiar en tu amigo.

Sin embargo, abrir el Tercer Ojo puede ser complicado, por lo que hemos recopilado cierta información para ayudar a prepararte para que seas receptivo a la estimulación de este Chakra y a su despertar completo. Te en cuenta que se requerirá paciencia de tu parte, pero con la preparación adecuada se obtienen los resultados adecuados.

Primero, vamos a prepararnos. Esto es realmente simple. Hay una serie de hábitos que puedes incorporar a tu vida que estimularán este Chakra y te prepararán espiritualmente para su despertar. Aquí hay algunas cosas que puede hacer para comenzar:

Preparación para la Apertura del Tercer Ojo

1. **Acércate a tu lógica**: El Tercer Ojo tiene un dominio predominante en la intuición, y con la lógica en segundo lugar. Esto no quiere decir que la lógica que imparte sea falible o débil. Por el contrario, se agudiza como un láser. Esto es para proporcionar contraste, no para disuadirte de seguir tus intuiciones. Darse cuenta de esto es importante cuando se trabaja con este Chakra. Así que absorbe la lógica, lee a tus filósofos favoritos que hablan de la razón, o mira tu serie de

detectives favorita si te apetece. Absorbe tanta lógica como puedas para que puedas apreciar el lo valioso de una intuición perfeccionada cuando la consigas. Muchas personas han triunfado en la vida y en los negocios siguiendo su "instinto", por lo que es difícil argumentar el valor de la intuición. Si necesitas una explicación que no parece ser tan metafísica, considera esto. Tu mente procesa la información mejor que cualquier computadora que exista. Toma todas las variables y te brinda solo lo que necesitas. ¿Qué no existe la posibilidad que la intuición pueda ser subconsciente, que tenga un alto nivel matemático, y que comprende TODAS las variables que el cerebro ha digerido y considerado en tus momentos de sueño y aburrimiento? ¿Qué no es posible que esta cosa que llamamos 'intuición' es una variable de supervivencia y crecimiento que está ahí para servirte? Vale la pena un momento de contemplación.

2. **Practica tu creatividad**: La expresión de tu creatividad alimenta tu alma y empodera los Chakras del Tercer Ojo y la Garganta. Si te

gusta escribir, pintar o crear de alguna forma o moda, entonces ejercítalo. Un ejercicio en particular te ayuda a practicar la intuición mientras te expresas artísticamente. Ve a una librería de libros usados y desentierra una colección de revistas. Obtén un cartel de tu supermercado local y algo de pegamento. Intenta tomar fotos de individuos y recorta imágenes que asocies con ellos y pégalas alrededor de la imagen de las personas. Elige a una persona que ya no conozcas mucho, para que luego, cuando hayas terminado tu collage, puedas leer una biografía rápida sobre ellos a través de la magia de Google. Fíjate si los objetos que asociaste con ellos están asociados en la vida real. No te preocupes si al principio solo haces unas pocas cosas bien. Este es un ejercicio para flexionar los músculos espirituales que aún no has estado usando. A veces este ejercicio puede sorprenderte gratamente.

3. **Medita diariamente siempre que sea posible**. La meditación es una buena forma de ponerse en contacto con lo espiritual al mismo tiempo que te ayudas a relajarte y

volverte uno con el universo que te rodea. Concéntrate específicamente en el Chakra del Tercer Ojo, viendo una luz de apertura en el espacio de tu frente entre tus ojos físicos. Visualiza el mundo que está a tu alrededor detrás de tus ojos cerrados y observa si alguna parte en particular llama tu atención. Abre los ojos por un breve momento y observa hacia dónde ha llamado tu atención. Ten en cuenta el entorno y contempla lo que acabas de ver con los ojos nuevamente cerrados. Como el Chakra del Tercer Ojo también se asocia con la sabiduría, es muy probable que encuentres una perspectiva más profunda de tu entorno mientras ejercitas tu Chakra del Tercer Ojo de esta manera. Inténtalo y velo por tu cuenta.

4. **Desintoxique tu glándula pineal**: Ubicada al nivel con tus ojos en el centro de tu cerebro se encuentra la Glándula Pineal. Los Yoguis han estudiado y explorado las conexiones de esta glándula y el Chakra del Tercer Ojo. A menudo visto como el lugar donde se sienta el alma, el tomar medidas

para garantizar la salud de tu glándula pineal puede, a su vez, potenciar tu Chakra del Tercer Ojo. Hay una serie de pasos que puedes seguir para limpiar y desintoxicar esta glándula. Son los siguientes:

- Vinagre de sidra de manzana. Obténgase en una botella de vidrio. Una cucharada al día puede ayudar a limpiar y refrescar la Glándula Pineal.
- Yodo: Las algas marinas, y varias otras algas son una fuente natural de yodo que pueden utilizarse para desintoxicar tus glándulas pineales. Funcionan causando la excreción de metales pesados del cuerpo. Si no eres un gran fanático del sushi, puedes comprar suplementos que puedes tomar a través de un gotero para obtener el yodo que necesitas.
- Shilajit: Proveniente de las montañas del Himalaya, este es un material vegetal que se conservó durante millones de años. Con más de 85 diferentes rastros de minerales, este compuesto en particular no solo ayuda a tu glándula pineal sino que también tiene

beneficios contra el envejecimiento. Búscalo en Google, este podría ser el complemento para ti.
- Ácido fúlvico: la versión estadounidense de Shilajit, 5 o 6 gotas de esta sustancia en agua permitirá que este suplemento extraído de las plantas te haga una desintoxicación y mantenimiento diario de tu glándula pineal.
- Cúrcuma: Este suplemento puede ayudar a la glándula pineal con la reducción

de daños causados por la exposición al fluoruro. Fácil de obtener, este es definitivamente un elemento a añadir para desintoxicar tu glándula pineal.

- Champiñones Chaga: Ampliamente aclamados y utilizados por los pueblos japoneses, chinos y rusos, este hongo tiene una serie de cualidades que son útiles y benéficas. Productor natural de melanina (que la glándula pineal utiliza para ayudarnos a protegernos de la luz ultravioleta), este hongo también es considerado un agente antitumoral, así como un reforzador del sistema inmune y bueno para el bienestar del sistema nervioso central. Tradicionalmente ingerido en el té, haz una búsqueda en Google sobre esto mismo para ver más de los beneficios que vienen con este pequeño hongo potente. Una serie de estudios científicos se han realizado sobre este tema, así que cuentas con suficiente material de estudio, y con herramientas para una buena salud en el futuro.

Ahora que has hecho algunos preparativos básicos, ¿cómo puede uno proceder a abrir el Tercer Ojo? No tan rápido, amigo. Primero debemos considerar los peligros de abrir el Tercer Ojo.

Principalmente, hay una preocupación al abrir el Tercer Ojo de caer presa del engaño. Tendrás una afluencia de nuevos datos que necesitarás interpretar. Para evitar esto, toma todo esto con calma. La intuición es un músculo metafísico que necesita flexionarse y crecer, así que no empieces a comprar tarjetas de rascar ni a preocuparte por tus vuelos hasta que hayas tenido tiempo de desarrollar tu intuición en crecimiento. Este es un proceso para toda la vida, así que se paciente. Obtendrás inmensos beneficios en los Negocios y en tu vida Personal, pero no esperes resultados 'de la noche a la mañana' y ten cuidado con sus primeras intuiciones. Trata de contemplarlo desde una perspectiva en el trabajo. A veces trabajas con mapas o gráficos que contienen abundante información. ¿Pudiste entenderlos de inmediato o hubo una curva de aprendizaje?

Dale tiempo y recuerda que cada enorme roble que has visto comenzó como una pequeña bellota que podrías haber aplastado con tu zapato.

Ahora que hemos discutido el factor de seguridad, ¿cuáles son los beneficios de un Tercer Ojo bien desarrollado? Son los siguientes:

- Mayor percepción.
- Comprensión de tu destino.
- La capacidad de ver la dirección de tu vida como si la leyeras en una biografía, escribiéndose constantemente.
- Aumento de "Suerte" de tu conocimiento interno de las variables ocultas a tu alrededor.

En este punto, deberíamos estar listos para entrar en estrategias para la apertura del Tercer Ojo, pero primero, en caso de emergencia:

Cierre del Tercer Ojo

1. Encuentra un lugar a gusto para meditar.
2. Comienza tus ejercicios de respiración.
3. Comienza la meditación.
4. Visualiza tu Tercer Ojo. Inúndalo con visiones de lógica y arte, como las matemáticas, libros, pintura y escultura. El objetivo de este ejercicio es encaminar nuestra intuición hacia la lógica y la creatividad si estamos recibiendo dolores de cabeza, sueños extraños u otros efectos del despertar de la intuición. La lógica en particular es una parte importante de tu Tercer Ojo. En realidad, estás ejerciendo ese Chakra cada vez que usas Google o lees sobre un tema que te interesa. Dicho esto, el ahogamiento de la intuición con una avalancha de hechos puede ayudarte a llevar tu Tercer Ojo a un estado 'inactivo'. Observa como los hechos se van aproximando, visualiza el lado derecho de tu cerebro, el lado asociado con la lógica, destellando ráfagas de luz. Luego enuncia 'Deja que la intuición venga más tarde', y visualiza la energía de la Intuición como un resplandor

color Índigo que fluye hacia el lado izquierdo del cerebro. Completa la meditación diciendo: "Deja que mi intuición se manifieste en Creatividad hasta que esté listo para más". Contempla el resto de la energía fluyendo hacia el lado izquierdo (asociado con la creatividad) del cerebro y vea como el ojo que resplandece entre tus cejas se va cerrando.

5. Ahora has cerrado el Tercer Ojo. Ten cuidado, no hagas esto más de una vez al mes, debes permitir que fluya algo de intuición hasta que estés nuevamente listo para aceptar la información adicional. El bloqueo intencional del Tercer Ojo durante largos períodos de tiempo puede provocar dolores de cabeza y cosas peores, por lo que si tienes que cerrarlo, adelante, pero hazlo con el entendimiento de que debes dominar este Chakra y aprender a interpretar los datos que te manda.

Hemos analizado los peligros, los beneficios y los métodos para protegerse ante una emergencia, por lo que creemos que finalmente estás preparado para abrir tu Tercer Ojo para ver qué tiene que ofrecer.

Aquí hay un método sólido para esto que puedes practicar desde casa:

Una Técnica para la Apertura del Tercer Ojo

1. Encuentra un lugar a gusto para la meditación. Esto tomará entre 30 minutos y una hora, así que asegúrate de que sea buen lugar
2. Comienza con tus ejercicios de respiración para relajarse.
3. Realiza la purificación de los cristales de tus Chakras.
4. Medita sobre el fortalecimiento de cada Chakra, desde la Raíz hasta la Corona, para lograr un equilibrio después de la purificación.
5. Después de esto, concéntrate en tu Chakra del Tercer Ojo. Vea la forma del 'ojo' se encuentre entre tus dos ojos abriéndose, iluminando el mundo a tu alrededor con una luz perspicaz. Notarás que todo lo que percibes es de repente más agudo. No tengas miedo, sigue adelante. Deja que vengan los detalles.
6. En lugar de una Manta, recita las siguientes palabras: "No entiendo todo lo que veo, pero

me doy cuenta de todo. Busco la sabiduría para comprender lo que no entiendo ahora."
7. Observa la luz del Tercer Ojo como un proyector de luz, dando vueltas a tu alrededor y brindando detalles que antes no habías notado.
8. Concluye la meditación con una declaración: "Siempre vigilante, veo y me esfuerzo por comprender. Confiaré en lo que aprendo.

Felicidades. Has abierto tu Chakra del Tercer Ojo. Al principio, parecerá que la información es demasiada. No dejes que eso te preocupe. Compáralo con el espectro de color. Si estuvieras describiendo la escala de los colores del Arcoíris a un hombre o una mujer ciega, ¿cómo describirías el Índigo? "¿Un tono azul claro y oscuro o negro, no del todo azul o púrpura? Las explicaciones son difíciles de establecer, al principio, pero si sigues ejercitando tu creatividad y aprendiendo lo que el Tercer Ojo tiene que enseñarte, ascenderás de alumno a maestro con el tiempo. Los bosques son intimidantes si no eres una criatura de la naturaleza, así que permite que la información fluya hacia ti desde tu Tercer Ojo y úsala, confía en ella. No te engañes a ti mismo, sino aprovecha las buenas oportunidades. Pronto sabrás la diferencia.

Ahora que hemos anazlizado las trampas y ventajas de potenciar el Tercer Ojo, procedamos al cristal y otras técnicas de curación de los reinos del Chakra y el Kundalini.

12

ENERGÍA CURATIVA CON CRISTALES Y OTRAS PIEDRAS

Un sistema en donde ambos utilicen el Chakra y el Kundalini (así como con muchas otras prácticas) es el poder curativo de varias piedras y cristales. Discutimos en un capítulo anterior cómo crear piedras de Chakra, y cómo energizar y desbloquear tus puntos Chakra, así como cristales para limpiarlos. Ahora nos gustaría hablar de las propiedades curativas de varias piedras para que puedas familiarizarte con ellas y agregarlas a tus meditaciones para una mayor eficacia y obtener mejores resultados. Para este efecto, te hemos compilado una lista que incluye la curación y otras propiedades de los cristales y varias piedras también. Son las siguientes:

1. **Ágata**: Esta piedra sirve como un poderoso fortalecedor de la cognición. Ayudando a producir claridad en los pensamientos, es bueno tener una cerca si sufres de ansiedad, si deseas sobresalir en una conversación, o si deseas remediar otras condiciones que resultan en patrones de pensamiento desorganizados.
2. **Amazonita**: Esta piedra es particularmente beneficiosa. Se puede utilizar para dar un equilibrio y una limpieza a todos los Chakras, además de proporcionar los beneficios curativos para mantener regulada alguna infección, y también para alivianar algunas condiciones de la piel.
3. **Aventurina**: Aumentando el tiempo de recuperación, esta piedra también es buena para el corazón y la sangre. Por estar asociada con el Chakra del Corazón, está también se puede usar para estimular este centro de energía, así como para aumentar la compasión y la empatía.
4. **Amatista**: Asociada con los 3 Chakras superiores (Garganta, Tercer Ojo y Corona), esta piedra es buena para las condiciones curativas gobernadas en esta área. Dolores

de cabeza, dolor de cuello, insomnio y más. Obtén una buena geoda de amatista para ponerla junto a tu computadora de trabajo. Tus compañeros de trabajo admirarán su belleza sin preguntarse de su propósito (una geoda es objeto de belleza fantastico) mientras vas cosechando los beneficios para la salud.

5. **Heliotropo (Bloodstone)**: Esta forma de calcedonia color verde rojizo ayuda a una buena circulación, así como una estimulación para la revitalización del cuerpo. Si haces ejercicio regularmente, esto puede ayudarte en tu estamina para poder moldear y esculpir el cuerpo que desees. Curiosamente, se dice que esta piedra también tiene cualidades de protección. Si tu hijo está siendo amedrentado en la escuela, puedes hacer que lo sostenga o que haga un collar para que pueda calmar a quienes lo rodean y para estimular el sistema del niño (en casos de pelear o huir).

6. **Topacio azul**: Esta piedra tiene propiedades poderosas que puedes aprovechar. Es de beneficio para las enfermedades mentales, así como para los problemas del gusto y la

vista. Usa esta para disminuir la visión, el paladar, o la cognición distraída. Fácil de ocultar, esta es una piedra popular para la joyería, por lo que puedes mantenerla cerca sin que te cuestionen.

7. **Citrino**: Esta piedra puede usarse para problemas de digestión, así como para estimular su metabolismo y fortalecer los nervios para que los mensajes de su cerebro se disparen con una rapidez potenciada. Esta es otra piedra de joyería, fácil de ocultar y fácil de incorporar a su vida.

8. **Fluorita**: Buena para las alergias, infecciones de sinusitis y agudeza mental y/o concentración, esta es otra buena piedra para agregar a tu colección. La fluorita puede aliviar la inflamación y darte ese enfoque adicional que necesitas al concentrarte. Mantenlo cerca de ti durante la meditación para maximizar la retención del entendimiento profundo y de revelaciones que ocurran. No hay nada peor que olvidar algo profundo, difícil de obtener, así que utiliza la Fluorita en forma de collar o incluso en tu bolsillo para retener esos recuerdos y agudizar tu enfoque.

9. **Hematita**: Esta piedra te ayuda a resistir la ansiedad. Promueve la salud del corazón, la circulación y también se asocia con los órganos del Chakra de la Raíz. También puede usarlo para aliviar el estrés en situaciones sexuales. Agregue esta piedra a tu colección y podrás ver su eficacia por sí mismo. No quedarás decepcionado.
10. **Jade**- Esta piedra está asociada con el Chakra del Corazón. Puede ayudar en la convalecencia después de una cirugía, así como ejercer influencia en la capacidad de curar las toxinas de la sangre. Esta piedra ayuda a aumentar la compasión, la empatía y también alivia el dolor en las articulaciones. Es una piedra bonita e influyente. Una buena piedra para mantenerse cerca.
11. **Obsidiana**: Esta piedra funciona mas para la curación mental que la física. Los cuchillos de obsidiana existieron antes que el bronce y el hierro en muchas culturas. Todavía quirúrgicamente afilados, algunos cuchillos de obsidiana son más filosos y resistentes que los cuchillos modernos. Ícono genuino del pasado, la Obsidiana te ayuda a sanar los problemas del pasado. Consigue uno. Mira

su nitidez negra, lústrala, haz una cuchilla si lo deseas. Deja que te recuerde que el pasado corta lo más agudo, pero en realidad es solo el pasado. Esta es una buena piedra para elaborar un collar. Su lección no necesita de una explicación. Siempre corta y permanece en las sombras. Deja que la oscuridad haga lo que se supone que debe hacer, permite que se oculten las cosas y las pone donde pertenecen, porque no caminarás muy lejos por un camino si caminas mirando detrás de ti todo el tiempo.

12. **Ópalo:** Los ópalos son muy frágiles. A menudo proporcionan imágenes flotantes, trucos de la vista y la mente. Ilusiones. Como tal, es la piedra perfecta para los problemas del ojo. La disminución de la visión, la pérdida de la vista, son cosas que pueden beneficiarse de la adquisición de un buen ópalo. No tiene que tener la calidad de una piedra preciosa ... en efecto, los ópalos de baja calidad, incluso en bruto, tienen una estética que refuerza la creencia de lo que pueden hacer. Mira en ópalos crudos o básicos.

13. **Cuarzo**: Una de las piedras más comunes

que también contiene una gran abundancia de poder, el cuarzo puede usarse para estimular el sistema inmunológico, así como el resto del cuerpo. Claro, simétrico ... es un ejemplo perfecto de una red cristalina refinada. Si vives en los EE. UU., busca en Google minas de cristal en Arkansas. Por $10 a $15 dólares, puedes recoger cristales a mano recién traídos de las minas diariamente. Usa guantes, porque el cristal en bruto te puede cortar como el vidrio, pero haciendo un pequeño viaje a Arkansas puedes obtener cientos de dólares en cristales dedicando de $10-15 dólares la hora, usando solo tus ojos, guantes y una cubeta.

14. **Cuarzo rosa**: Asociado con el Chakra de la Raíz y del Corazón, este cristal tiene muchas propiedades beneficiosas. Para la presión arterial, y la taquicardia, esta es una piedra útil para incorporar a tu colección.

15. **Rubí**: Siendo un estímulo para el Chakra de la Raíz, el rubí es también una piedra poderosa para la curación. Puede ayudar con problemas cardíacos y en problemas de disfunción sexual. Puede aumentar el

enfoque y la concentración y también fomenta el amor.

16. **Zafiro**: El zafiro estimula la garganta y el Chakra del Tercer Ojo. Se puede usar para prevenir la fiebre y también es bueno para padecimientos del ojo. Sus propiedades espirituales lo vuelven también en una buena piedra para la limpieza de los Chakras. Como es una piedra de joyería y está asociada con el Tercer Chakra superior, esta es una buena piedra para aretes si deseas usarlos cerca de los Chakras que son afectados por el zafiro.

17. **Shungite**: Se dice que esta piedra rara reduce los efectos de la FEM (frecuencia electromagnética). Puede colocarlo cerca de dispositivos electrónicos, como el celular y portátiles, u otros elementos que uses a diario para reducir los efectos de la FEM. El Shungite también tiene cualidades desintoxicantes. Puede acelerar la desintoxicación y ayudar a calmar la ansiedad que a menudo viene con este proceso.

18. **Tanzanita**: Otra piedra de joyería, la tanzanita fomenta la capacidad psíquica.

También es una piedra curativa poderosa que estimula la regeneración de la piel, las células y el cabello. Proporciona claridad y calma para la meditación, pero también se dice que ayuda a quienes están en coma a encontrar el camino a casa. También se dice que la tanzanita es buena contra el alcoholismo y para disminuir el dolor de las migrañas. Es, es en efecto, una piedra poderosa.

19. **Turmalina**: Un fortalecedor de la columna vertebral, el sistema inmunológico, las glándulas suprarrenales y el corazón, esta piedra también puede ayudar a aliviar el estrés y ayudarte a eliminar la tensión de su vida.

20. **Turquesa**: La turquesa está asociada con el Chakra de la Garganta y puede ayudar con problemas asociados con la garganta, las orejas, el cuello e incluso el cerebro. También es bueno para lograr meditaciones más profundas y estimula la intuición, por lo que es una buena piedra para llevar en todo momento.

Si esto parece mucha información para procesar, no

te preocupes. La siguiente es una excelente manera de aprender las propiedades de tus piedras y almacenarlas fácilmente. Consígase una caja de aparejos de pesca. Suena un poco ortodoxo, pero danos un momento para explicarlo. Una caja de aparejos contiene varios compartimentos, apilados uno sobre otro, que puedes extraer para aprovechar las capacidades de almacenamiento modular. Obtén unas tarjetas para tomar nota y tijeras, y recorta algunos cuadrados de las tarjetas que puedas poner en la parte inferior de los contenedores. Escribe el nombre de la piedra y las palabras clave que te dicen sus propiedades. Por ejemplo, puedes escribir 'Heliotropo -Resistencia, Circulación, Ejercicio'. Más adelante, siempre podrás usar un joyero (o simplemente usarlo para los más elegantes), pero en realidad la caja de aparejos es bastante buena ya que puede mantener tus piedras separadas, en buenas condiciones, y evitar que se rasquen entre sí como lo harían si simplemente estuvieran todas juntas en una caja. Si prefieres un enfoque más estético y cuentas con poco de talento para hacer cosas nuevas, forra los compartimentos con terciopelo, pega algo de latón u otros artículos en la tapa y transforma la caja. O puede dedicar un poco más de tiempo para fabricar una caja de madera con las mismas cualidades (algunos joyeros ya tienen el mismo tipo de almacenamiento). Mientras tanto, para ahorrar dinero y lograr el mismo efecto, consigue una caja de aparejos. También son menos propensos a ser robados.

Entonces, ¿cómo uso estas piedras?

Simplemente tenlos contigo o intégralos en las joyas. Podrías decir: "No puedo hacer joyas y es costoso mandarlas a hacer". Hazte un favor y agradécenos más tarde con este pequeño truco. Ve a Google y busca 'configuración de joyas'. Hay una serie de talismanes y otras configuraciones más básicas, solo esperando que proveas la piedra. Por ejemplo, buscando en Google 'Granate cabujón' y encontrarás granates redondos con una base plana, una esfera cortada por la mitad. Puedes colocar fácilmente uno de estos en un entorno simplemente colocándolo y maniobrando las pinzas en su lugar empujándolas con unos alicates o, en algunos casos, simplemente pegándolo en su lugar. La expresión artística fortalece los Chakras de la Garganta y del Tercer ojo, entonces, ¿por qué no intentarlo?

Puedes descubrir que tenías un talento que desconocías.

Si uso más de una piedra, ¿habrá conflicto con otras energías?

No. Estas piedras no son personas. Son energías de la naturaleza. Creados en períodos de tiempo más antiguos que nuestras civilizaciones, son puros y producen solo energías buenas y benéficas. Piensa en ellos como el dinero. En las ruinas vikingas, el dinero es simplemente energía móvil que se debe colocar y circular. Diferentes piedras son monedas diferentes, pero su valor no disminuye cuando las juntas. Todas se convierten en el poder que necesitas y la diferencia simplemente radica en la estética. La única preocupación es que puedes obtener demasiadas energías que estás tratando de cultivar, así que mezcla y combine sabiamente. Aprenderás con experiencia.

¿Necesito prepararlas de una manera especial?

Las piedras, cristales y minerales te preceden enormemente. No necesitan mucho cuidado. Si deseas energizarlas, así como energizarías tu propio cuerpo para hacer ejercicio, considera lo siguiente:

- La luz del sol puede energizar tus cristales, piedras y minerales.
- La luz de la luna también funciona.

- El agua salada elimina la negatividad.
- Por ejemplo, el humo de los palos de mancha, el espliego y la salvia pueden purificar tus piedras si sientes que están perdiendo su eficacia.

Algunas piedras, como la cianita, no necesitan purificación. Así que haz una búsqueda creativa en Google. Si hiciste una caja de aparejos, una franja roja en la esquina del descriptivo puede mostrarte de un vistazo cuales piedras deben purificarse semanalmente para obtener mejores resultados.

MEDITACIÓN CHAKRA EN EL JARDÍN

Hemos hablado sobre los beneficios de los alimentos en el cultivo de una mentalidad adecuada. Los alimentos de cierto color tienen una asociación psicológica en tu comprensión de los puntos Chakra. Una forma de nutrir tu mente y tus centros de energía es cultivando un jardín. Un pequeño lugar cuadrado en tu patio trasero donde fomentas y observas el crecimiento de los alimentos y las flores de los colores apropiados.

Este es un medio para practicar tu paciencia y para demostrar que tus esfuerzos, ya sean grandes o pequeños, tienen méritos a la vez que proveen de un lugar tranquilo para meditar. Así es como lograrás tal cosa:

Hazte un jardín. Los siguientes elementos son los colores que necesitarás:

Alimentos rojos: Tomates, fresas, pimientos rojos, frambuesas, rábanos

Flores rojas:

- Cardenal rojo: Florece desde el verano hasta el otoño, estas flores tienen una forma encantadora de trompeta que es agradable a la vista. Estas flores también atraen a los colibríes.
- Rosas rojas: Símbolo del amor desde hace mucho tiempo, el cuidado y cuidado de un rosal es relajante y bueno para el alma. Considera el plantar un rosal, puede brindarte mucho gozo en los próximos años.
- Petunia roja: Las petunias son flores interesantes. Si bien sus tonos rojos pueden indicar amor o pasión, dependiendo del entorno también pueden usarse para representar enojo o desagrado con algo que una persona ha hecho. Dicho esto, sus hermosos tonos pueden añadir un poco de color a tu jardín, así que toma en cuenta a las petunias.

- Nenúfar rojo pigmeo: Florece de Junio a Septiembre, este hermoso lirio es originario de Meghalaya. Perfecto para un estanque de tipo koi, o simplemente un estanque tradicional.
- Lirios rojos: Al igual que las rosas, los lirios rojos también son un poderoso símbolo de la pasión y el amor. También son una hermosa adición a cualquier jardín, así que considéralos para tu jardín de meditación.
- **Alimentos de color naranja**: naranjas, calabaza, zanahoria,

Flores naranjas:

- Begonias: Florecen en muchos colores, las begonias son un buen complemento para cualquier jardín y fáciles de cuidar.
- Cempasúchil (Caléndula): Florecen todo el verano, éstas requieren de mucha luz solar, pero pueden florecer en casi cualquier suelo, así que si necesitas algo bonito que crezca en climas resistentes, considera el cempasúchil
- Tulipanes: Los tulipanes son una buena adición a su jardín de meditación. También puedes encontrarlos en prácticamente todos

los colores del arco iris, por lo que los tulipanes son una buena opción si buscas un solo tipo de planta para cuidar.
- Margarita Gerbera: Éstas flores vienen en muchos colores, incluido el naranja que representa el punto del Chakra Sacral. Una buena adición a su jardín.
- Azucenas: a pesar de su aspecto frágil, estas flores crecen y se extienden rápidamente. Prosperando en sombra parcial o a plena luz del sol, estas son una excelente adición a tu jardín de meditación.

Alimentos amarillos: maíz, calabacín, pimientos amarillos

Flores amarillas:

- Girasoles: Resistentes, fáciles de cuidar y hermosos a la vista, los girasoles son una gran adición a tu jardín y también fáciles de tomar.
- Lirios de agua: Estos representan la fertilidad y el renacimiento, son una gran adición a cualquier estanque de jardín.
- Dalia: Popular en la época victoriana, la dalia representa la fuerza y la elegancia, y es muy

bonita a la vista. Una gran adición a tu jardín de meditación.
- Lotus: una de las flores más delicadas, un Lotus es un símbolo poderoso de iluminación espiritual y se ve elegante en un estanque de jardín.
- Yarrow – Representando el amor y la sanación, el Yarrow es fácil de cultivar y se ve muy bien en el jardín.

Alimentos verdes: ejotes, cebollas verdes, manzana verde, brócoli, espinaca

Flores verdes:

- Hortensias: Disponibles en azul, rosa, rojo y verde. Las hortensias son hermosas y fáciles de cuidar. Considérelas al plantar tu jardín, estarás feliz de haberlo hecho.
- Campanas de irlanda: fácil de obtener y resistentes, éstas en realidad se originaron en Turquía. Fáciles de cuidar y se destacan por su longevidad, estos son una gran adición a cualquier jardín.
- Zinnia: Disponible en muchos colores, las Zinnias Verdes son encantadoras de ver tanto dentro como fuera de casa.

- Dianthus: Ésta hace grandes bordes para tu jardín. Las Dianthus son fáciles de criar y son otras de las plantas resistentes de esta lista.
- Menta: Planta ideal para el té, la menta agrega color y aroma a tu jardín de meditación, mejorando la tranquilidad en su totalidad.

Alimentos azules: Arándanos

Flores azules:

- Hortensias azules: las hortensias tienen una increíble variedad de sombras, dependiendo de la alcalinidad del suelo en el que crecen. Azul polvo, azul cielo y sombras más profundas a su vez. Añádelos a tu jardín y disfrutalo.
- Dandelion azul (dientes de león): Originarios de Asia y Europa, los dandelios azules también se están volviendo populares en los EE. UU. Representantes de la felicidad y la tranquilidad, son una excelente adición a tu jardín de meditación.
- Jacinto de uva: Asociados con el renacimiento, esta planta crece en racimos

agradables y tiene una forma notable de bulbo muy diferente a cualquier otra.
- Clematis de fuente de cristal: Asociada con la fidelidad, esta planta trepadora es una excelente adición para proporcionar un tono de azul-oscuro fino a tu jardín.
- Campanulas: también conocidas como 'Dedales de Hadas', estas flores con forma de campana son de un hermoso tono de azul que puedes usar para estimular tu Chakra de la Garganta.

Alimentos índigo: berenjenas, zanahorias moradas.

Flores índigo:

- Indigo Tinctoria: también conocida como "Índigo Verdadera", esta planta es miembro de la familia del frijol, y es la fuente de los tintes de color índigo originales.
- Indigo falso azul: Fueron utilizados por los nativos americanos para hacer tintes de azules e índigo; las flores de esta planta son impresionantes y una valiosa adición a cualquier jardín.
- Larkspur de Montaña- El larkspur es

hermoso, pero venenoso, así que manéjese con cuidado si eliges agregarlo a tu jardín.

Alimentos de color violeta: cebollas moradas dulces, repollo morado

Flores violetas:

- Violeta: No se vuelve más violeta que violetas. Agrégualos a tu jardín para estimular el Chakra de la Corona mientras te relajas y meditas.
- Nepeta: Requiere de muy poco cuidado, la Nepeta es muy fácil de criar.
- Verbena- Florecen en tonos de magenta y violeta, florecen en verano y durarán todo el tiempo si se les da un buen cuidado.
- Campanas de Canterbury: Fáciles de criar y siendo una alegría para la vista, estas vienen en muchos colores y tienen una atractiva forma de campana.
- Cardo de mar: A menudo se encuentra en forma silvestre en zonas de los Estados Unidos, esta planta es buena para atraer mariposas y pájaros a tu jardín.

Estas son solo una pequeña muestra de flores que

puedes cultivar en tu jardín. Para obtener mejores resultados, las plantas locales son más fáciles de obtener y ya son adecuadas para tu entorno. Dicho esto, si tienes un poco de talento para el cultivo de plantas, el esfuerzo extra realmente vale la pena. La cultivación de un lugar para tus meditaciones definitivamente vale la pena.

EL KUNDALINI Y OTROS TIPOS DE YOGA

Queríamos incluir un capítulo sobre otro medio para aumentar tu energía de Kundalini. El Yoga de estilo Kundalini es excelente para esto y una manera genial para mantenerse en forma. Entonces, ¿qué necesitamos ahora para comenzar?

Primero, un poco de historia. Si bien se desconocen sus orígenes exactos, los primeros mencionados se atribuyen a los Upanishads. Tradicionalmente enseñado de maestro a alumno, el yoga Kundalini no fue adoptado 'oficialmente' en el Occidente hasta finales de la década de los sesenta, cuando fue introducido comercialmente por Harbhajan Singh Khalsa, también conocido más popularmente como Yogi Bhajan. Aprovechando el ambiente de contracultura de los años 60 y 70, Yogi Bhajan estaba en un buen momento para difundir su mensaje y su estilo de Yoga se extendió por los Estados Unidos y Canadá después de establecer un programa de formación de maestros en 1969.

Como estas enseñanzas se transmitían regularmente de boca en boca, de maestro a alumno, siempre había cierta controversia sobre qué forma de yoga es la más 'pura'. Críticos como Virsa Singh, quién es practicante del camino de la iluminación de Gobind Sadan, han citado que en sus primeras etapas de desarrollo, el estilo de Yoga Kundalini denominada Yogi Bhajans parece ser una mezcla de Mantras Sij, referencias Tántricas y posturas Yóguicas. Gobind Sadan es una estilo de Sikhismo que abarca, entre otras cosas, el respeto hacia todas las religiones debido a la creencia particular de tal persona en esos sistemas. Entonces, ¿quién tiene razón?

El sistema adecuado para ti es aquel que te llama. Por ahora, es mejor concentrarse en comenzar. La Yoga de tipo Kundalini ha atraído a un número creciente de practicantes por sus beneficios espirituales y de salud. Sugerimos humildemente que el mejor camino va a estar lleno de tradiciones y, sin embargo, sería único para ti, tal y como cada espíritu es único.

Entonces, ¿de qué se trata todo esto?

El yoga consiste en adoptar varias posturas del cuerpo para estimular energías específicas y / o fomentar la paz, la autoconciencia y una buena salud.

Otros tipos de Yoga que quizá hayas escuchado incluyen:

Yoga de Ashtanga

Origen y filosofías: el nombre, 'Ashtanga', proviene de la palabra Sánscrita 'Asanga' mencionada en el Yoga de Sutra de Patanjali. Significa 'Ocho Extremidades', y se refería al Sendero Óctuple del Yoga. Estricto en sus posturas, este Yoga combina el tipo de respiración asociado a cada postura para vincular la respiración con cada movimiento. Habiendo estado registrado en los primeros manuscritos, esta clase de Yoga fue introducida en el Oeste en 1948 por Pattahbi Jois. Es considerada una versión moderna de las enseñanzas tradicionales de la India.

Yoga de Hatha

Origen y filosofía: Desarrollada originalmente por

un sabio hindú del siglo 15 llamado Yogi Swatmarama, la palabra 'Hatha' se deriva de 'Fuerza'. Casi todas las posturas de yoga que se enseñan y practican en los Estados Unidos se derivan de la Yoga de tipo Hatha y, como tal, a menudo se usa más como un término genérico en el Occidente para cualquier tipo de yoga que implique posturas físicas. Este Yoga utiliza principalmente asanas, que son posturas yóguicas, para unir mejor el cuerpo y la mente como uno solo.

Yoga de Jivamukti

Origen y filosofía: El Yoga de estilo Jivamukti es un estilo relativamente nuevo en este grupo, desarrollado por primera vez por David Life y Sharon Gannon en 1984, y viene no solo con poses originales sino también con principios espirituales y éticos. Los 5 principios de Jivamukti incluyen:

- Ahimsa: un estilo de vida no violento que abarca la amabilidad a los animales, recurrir al vegetarianismo, el veganismo y los derechos de los animales.
- Bhakti: la autorrealización es aceptada como el objetivo de este yoga.
- Dayana- Observación de meditaciones

- Nada: Escuchar profundamente con música o incluso con meditaciones guiadas.
- Shastra- Estudio de las antiguas enseñanzas Yóguicas.

1. Yoga de Iyengar

Origen y filosofías: Creado en 1966 por B.K.S. Iyengar, quien a su vez colaboraba con K. Pattahbi Jois, el creador del Yoga estilo Ashtanga, fue detallado por primera vez en un libro llamado 'Yoga Ligero'. Este libro se convirtió rápidamente en uno de los mas vendidos, ya que se enfoca en una forma ligera del Yoga tipo Hatha, incorporando más de 200 poses tradicionales, pero también incorpora el uso de eslingas, mantas, cinturones y más para minimizar el riesgo de lesiones en lo que se vuelve un sistema accesible para practicantes de cualquier edad o forma física. Este Yoga también tiene una base fuerte en las tradiciones de Yoga de las ocho extremidades de Patanjali en su prueba, el 'Yoga de Sutras'

Yoga de Bikram

Origen y filosofía: Desarrollado por primera vez en 1973 por Bikhram Choudhury, este yoga es el más riguroso de la lista. Centrándose principalmente en el uso de las técnicas de Hatha para el ejercicio (a veces en habitaciones con calefacción), este Yoga se trata más de hacer ejercicio físico.

¿Entonces que hay sobre el Yoga Kundalini?

La Yoga de tipo Kundalini es una experiencia muy diferente de las otras. A medida que avancemos en este capítulo, discutiremos una serie de poses y ejercicios que podrás hacer para aprovechar esta sabiduría por ti mismo. Estos son algunos ejercicios tradicionales aprendidos y enseñados por Yogi Bhajan y utilizados diariamente por todo el mundo. Debido a la enorme cantidad de información disponible sobre este tema, solo incluimos algunas posturas y sugerencias, lo suficiente para comenzar, con la intención de cubrir más temas que creemos que podrían interesarte de este libro.

Para nuestro primer ejercicio, te presentaremos la posición de la 'Rana'.

Posición de la rana: 'Para hacer la posición de la rana, ponte en cuclillas sobre los dedos de tus pies, talones haciendo contacto, y tu mano entre las piernas frente a ti. Justo de la manera en que las ranas posan. Levantando el trasero, levántate lentamente, inclinando la cabeza hacia las rodillas. Toma un poco de práctica, pero las ranas son una excelente manera de estimular los Chakras de la Raíz y del Sacro. Haz 26-52 ranas por la mañana y sentirás la diferencia.

Posición de cuervo: A continuación probaremos la posición del cuervo. Al igual que las ranas, esta posición estimula el primer y segundo Chakra mientras que al mismo tiempo mejoran la circulación. Colócate en cuclillas, con las manos extendidas frente a ti o con los dedos entrelazados por arriba de la cabeza. Lentamente, ponte de pie y haz la repetición 26-52 veces.

Pose del triángulo: Esta postura estimula la glándula pituitaria y es también buena para la columna vertebral. Ponte de pie con los pies separados aproximadamente al ancho de la cadera. Inclínate, colocando tus brazos a unos 3 pies (aprox 1 metro) delante de tus pies. Levanta los glúteos para que adoptes una forma triangular en esta pose. Manten esta posición durante 3 a 5 minutos, respirando profundamente para mantenerte relajado y en forma adecuada.

Chakras Ana: Esta pose energiza todos tus Chakras. Es un poco complicado de hacer. Acostado de espaldas, querrás colocar las manos a los lados de la cabeza, los dedos apuntando hacia los dedos de los pies. Levántate lentamente, de modo que tu cuerpo tome la forma de un arco. Mantén esta postura durante 30 segundos y después regresa a la posición original lentamente.

Curvas hacia adelante: No todos los ejercicios de yoga son difíciles. Prueba las curvas hacia adelante como una forma de incrementar la circulación en tus piernas y fortalecer la espalda baja y la columna vertebral. Para hacer este ejercicio, siéntate con las piernas bien separadas frente a ti y baja suavemente la cabeza hasta una de las rodillas. Mantén esta posición por un minuto o dos y luego pasa a la siguiente rodilla. Facilísimo.

Breves Sugerencias

He aquí unas breves sugerencias para aprovechar al máximo tus sesiones de yoga y meditación.

Hazlo a primera hora de la mañana.

El meditar temprano en la mañana después haber descansado por la noche hace que sea mucho más fácil entrar en un estado de relajación. Este hábito también puede capacitarte para tener un día tranquilo en el trabajo. Pruébalo y verás.

Para despejar tu mente, sigue las luces detrás de tus ojos.

Esta técnica es excelente para despejar la mente de pensamientos distractores. ¿Conoces esas luces que ves detrás de tus párpados cuando los cierras? Imagine que los estás cazando y que estas luces se asustan fácilmente con el sonido. En lugar de los pensamientos que solo causan distracción, concéntrate en silenciosamente "seguir" las luces hacia tu mente. Esta técnica también es buena para contra el insomnio.

Comienza con meditaciones breves al principio

La meditación es una habilidad que mejora como cualquier otra, a través de la paciencia y la práctica. Si las meditaciones más prolongadas te son un problema, no te preocupes, la práctica te llevará a ellas. Prueba meditaciones breves de 2 minutos y sigue practicando hasta llegar a las más prolongadas. Lo lograrás.

No te preocupes si lo estás haciendo mal.

Todos piensan que lo están haciendo mal la primera vez. Si aún no puedes continuar sin preocuparte, intenta obtener algunas meditaciones guiadas en línea. Las meditaciones guiadas son exactamente lo que parecen, sesiones de meditación en las que un maestro experimentado te guía a través de las visiones, por lo general con el acompañamiento de música agradable. Esta puede ser una buena manera de comenzar si todavía estás preocupado, pero tranquilo. Todos piensan que lo están haciendo mal al principio.

Encuentra una comunidad.

Con las redes sociales, nunca estás realmente solo. Aun mejor, encontrar comunidades que compartan tu interés puede ser muy fácil. Revisa tu Facebook u otros grupos de redes sociales donde estés suscrito, e incluso puedes reúnirte si el grupo es local. Estarás intercambiando libros y consejos en poco tiempo.

Explórate a ti mismo.

La meditación tiene como objetivo lograr un mayor sentido de autoconciencia. Si notas patrones particulares de pensamiento durante una meditación más profunda, tómate un tiempo para contemplarlos. Puedes aprender muchas cosas poderosas sobre ti mismo, solo necesitas escuchar.

Estiramiento.

Los ejercicios de estiramiento antes de su sesión de

yoga pueden ayudarlo a mantenerse saludable a medida que aprende algunas de las posiciones más desafiantes. Siempre tómate el tiempo para estirarte por la mañana primero, ya que olvidar esto puede resultar en una lección que seguramente recordarás, pero solo querrás aprender una vez.

Desarrolla tus ejercicios de respiración.

Alterna tus ejercicios de respiración para ver qué resultados provienen de ellos. Una respiración adecuada es importante para la meditación y también es buena para muchas otras cosas, como el manejo del dolor y hacer ejercicio eficazmente. Presta atención si un patrón de respiración en particular parece relajarte más rápidamente.

Velas perfumadas.

Las velas aromatizadas mejoran la atmósfera cuando haces tus ejercicios de meditación, y pueden ayudarte a entrar en un estado contemplativo mucho más rápido. Lo que nos lleva a nuestro consejo final.

Contempla los sonidos y olores a tu alrededor.

Al meditar, absorbe los sonidos y olores a tu alrededor. ¿Hay pájaros afuera? ¿La casa todavía huele al desayuno? Contemplar estos olores y sonidos puede conducir a un estado meditativo profundo, así que aprovechalo.

A continuación, nos gustaría presentarle una poderosa técnica de respiración Kundalini conocida como 'Aliento de fuego'.

Aliento de Fuego

Este ejercicio es practicado en todo el mundo por muchos practicantes del Kundalini y hace muchas cosas por ti, y su eficacia aumenta con el tiempo a medida que lo usas cada vez más. Como es una de las técnicas más extenuantes, recomendamos que primero dediques intervalos de tiempo cortos de práctica, y que sobre todo, seas paciente. El tiempo dedicado en aprender estas técnicas es tiempo bien invertido y debe usarse para aprender las técnicas BIEN. Cabe señalar en este momento que este ejercicio no debe realizarse si estás embarazada o padeces de una alta presión arterial. Al igual que otros ejercicios que pueden tensar tu cuerpo, te convendría hacer uso de tu buen juicio.

Entonces, ¿qué es exactamente el aliento de fuego?

El Aliento de Fuego es un Kundalini de Pranayama,

es decir, una técnica de respiración. Proporciona una serie de beneficios, que incluyen:

- Fortalecimiento de la circulación de la sangre para eliminar las toxinas perjudiciales.
- Fortalecimiento de los pulmones- Este ejercicio puede ayudarte a respirar con mayor fuerza y de una manera más natural a medida que limpia tu cuerpo.
- Alivio del dolor: Una serie de ejercicios respiratorios son buenos para aliviar el dolor y este es uno de ellos. Si el ejercicio es difícil al principio, no te preocupes, esto es algo que irás construyendo.
- Estimula el Chakra del Sacro mientras fortaleces el abdomen.
- Estimula la mente al aumentar el flujo de oxígeno al cerebro.

Para realizar el Aliento de Fuego, realiza los siguientes pasos:

1. Siéntate derecho, no te encorves, la forma es importante.

2. Comience a respirar de manera relajada por la nariz.
3. Aquí viene la parte difícil. Contrae el abdomen durante la inhalación. Empújalo hacia afuera durante la exhalación. Tenga en cuenta que esto lleva tiempo dominar, por lo que si solo pruebas este ejercicio durante 30 segundos a la vez, está bien.
4. Acorta la respiración, inhalando y exhalando de la manera descrita lo más rápido posible. Con práctica, podrás acortar y alargar las respiraciones.
5. Después de aproximadamente 30 segundos de hacer el ejercicio, vuelve a normalizar tu respiración. ¿Te das cuenta de cómo se siente tu cuerpo energizado? Algunas personas reportan piel de gallina (es decir escalofríos, algo completamente normal con este ejercicio).
6. Continúa con el ejercicio, permitiéndote descansos con respiración normal. Los intervalos de tiempo aumentarán y notarás que puedes hacer más 'series' de esta forma de respiración al aumentar el tiempo entre pausas. No exageres ni te esfuerces de más y

asegúrate de descansar antes de levantarte cada vez que practiques ejercicios de respiración más agotadores como lo es esta técnica.

Intenta practicar esta técnica de Kundalini al menos una vez a la semana y notarás que tu resistencia se incrementa. Como hemos mencionado anteriormente, este ejercicio también fortalece el abdomen, por lo que la práctica también puede ayudarte a empezar a verte bien a medida que comienzas a ser más poderoso en sus meditaciones. Si encuentras que este u otros ejercicios podrían beneficiarse con soporte visual, toma en cuenta tu comunidad local de Yoga o tu computadora portátil en casa. Varios videos y otros medios están presentes en YouTube y en muchos, muchos sitios de Yoga que pueden ayudarte con esta información adicional que podrías necesitar con una pose, meditación o ejercicio en particular.

CONCLUSIÓN

Juntos hemos atravesado muchos temas. Hemos aprendido de los Chakras juntos. Hemos discutido la energía espiral del Kundalini, la energía de la Serpiente, y te hemos fortalecido con los conceptos básicos de la respiración y meditación.

Dicen que si le das a un hombre o mujer un pez, comerán por un día, pero ahora te hemos enseñado a pescar por ti mismo. Cultiva lo que has aprendido y tendrás "comida" para toda la vida. Si tus amigos te ridiculizan, mantén tu distancia. Nunca se debe ridiculizar a alguien que busca encontrar sus verdades personales y lo que has algo que se ha acumulado por mas de 3000 años de estudio. Te mostramos solo los conceptos básicos, partes y piezas, pero el viaje que te espera te mostrará mucho más. Entonces, como dicen, 'mantén a raya a los detractores', aprende lo que puedas y crece en sabiduría y comprensión. Sabes lo que es correcto para ti y nadie más en tu vida va a buscar, tomar y asegurar tu felicidad.

Asegúrese de practicar tus poses, sus Mantras y varias meditaciones de Chakra. Esto no es algo que va a suceder de la noche a la mañana, necesitarás un poco de autodisciplina para asegurarte de permanecer en el camino mientras aprendes los Chakras y las Energías de la Serpiente más íntimamente. Incorpora la contemplación meditativa de uno mismo para comprenderte mejor. Incorpora el Yoga a tu vida para aumentar la energía de Kundalini en lo que vas fortaleciendo tu mente y cuerpo. Incorpora los colores de los Chakras a tu vida para cultivar mejor sus energías. Todo lo que necesitas para comenzar y avanzar en tu camino está aquí.

Te agradecemos por pasar tiempo con nosotros para dar los primeros pasos y aventurarte en el largo camino que te espera. Te deseamos solo lo mejor en tu trayecto.

Conoce y comprende el poder de la Serpiente, conoce tus centros de energía Chakra.

Conócelos y, aun más importante, conócete a ti mismo.

Namaste

— SIYA ISHANI

SANIDAD POR REIKI: UNA CLASE MAESTRA

LA GUÍA COMPLETA PASO A PASO PARA DOMINAR EL REIKI Y LA MEDITACIÓN CURATIVA PARA PRINCIPIANTES

Copyright 2019 - Todos los derechos reservados

El contenido de este libro no puede reproducirse, duplicarse o transmitirse sin el permiso directo por escrito del autor o el editor.

Bajo ninguna circunstancia se atribuirá culpabilidad ni se responsabilizará legalmente al editor ni al autor de ningún daño, reparación o pérdida monetaria debido a la información contenida en este libro. Ya sea directa o indirectamente

Aviso Legal:

Este libro está protegido por los derechos de autor. Este libro es únicamente para uso personal. No se podrá enmendar, distribuir, vender, usar, mencionar o parafrasear cualquier parte o contenido de este libro, sin el consentimiento del autor o editorial.

Aviso de exención de responsabilidad:

Favor de notar que la información contenida en este documento es solo para fines educativos y de entretenimiento. Todo el esfuerzo fue hecho para presentar información precisa, actualizada y completa. Ningún tipo de garantía viene declarada o implícita. Los lectores reconocen que el autor no está comprometido en presentar consejos legales, de tipo financieros, médicos, ni profesionales. El contenido de este libro ha sido obtenido de diversas fuentes. Favor de consultar a un profesional antes de intentar realizar cualquiera de las técnicas descritas en este libro.

Al leer este documento, el lector acepta que bajo ninguna circunstancia el autor es responsable de las pérdidas, directas o indirectas, que ocurran como resultado del uso de la información contenida en este documento, incluidos, entre otros, - errores, omisiones o inexactitudes.

INTRODUCCIÓN

"Cada casa está construida sobre una base, y la base de tu cuerpo es tu fuerza vital. Si el Chi no es saludable, afectará los aspectos físicos de tu vida y, por lo tanto, nuestro sistema Reiki es la clave para desbloquear este impedimento para tu progreso".

¿Estás sufriendo? ¿Tus médicos, psicólogos y psiquiatras han tratado de inducirte hacia la "salud", o medicarte para estar sano? ¿Has visto poco o ni un resultado? Bueno, eso no es sorprendente ...

En el mundo agitado de hoy, más y más personas sufren problemas de salud aparentemente cada vez mayores. Los problemas con la pérdida de peso o el aumento de peso son excelentes ejemplos de nuestro problema con la medicina moderna.

Planeamos meticulosamente nuestras dietas y seguimos con nuestro ejercicio y vemos malos resultados. La matemática dice que hemos ingerido tantas calorías y quemado tantas calorías, por lo que deberíamos perder peso y, sin embargo, no logramos nuestros objetivos.

También es posible que tengas una pareja con quien tengas problemas, o con quien te gustaría estar más cerca. Quizá hayas probado picnics en el parque, clases de baile y más, pero aún así ambos se encuentran discutiendo sobre las pequeñas cosas que realmente no deberían importar.

Un Chi no saludable puede llevar a una relación no saludable. El Reiki, en especial cuando lo practican ambos miembros de una pareja, puede proporcionar una tranquilidad espiritual que les permite a ambos miembros relajarse y crecer juntos en armonía, en lugar de separarse lentamente en discordia.

Dolencias como la artritis, las migrañas, el túnel carpiano y otras pueden aliviarse con la asignación adecuada de sanación por Reiki junto con tu régimen médico actual. A menudo, el dolor es meramente un síntoma de un desequilibrio energético en el cuerpo, y el Reiki está diseñado para abordar esta situación específicamente.

El Reiki también puede ayudar con la fatiga crónica o el insomnio al abordar las inconsistencias de tus energías de las que quizá ni siquiera seas consciente. ¿Notas períodos donde tu energía física aumenta o disminuye sin razón alguna que puedas atribuir a la dieta o al medio ambiente? Entonces el sistema de Reiki establecido aquí podría ser la respuesta.

Si has estado sufriendo ataques de pánico u otras formas de ansiedad, y nada de lo que los médicos te hayan recetado, o los psicólogos te hayan dicho pareciera ayudar, entonces considera añadir el Reiki a tu régimen médico. Los médicos generalmente no consideran el hecho de que una falta de armonía con la fuerza vital pueda ser tan importante como los medicamentos o la *psycobabble*. Esto lleva a un tratamiento de los síntomas mientras se ignora la fuente. Reiki puede aportar un equilibrio a tu tratamiento, y puede ser lo único que necesitas, pero no lo sabrás hasta que lo pruebe por ti mismo.

A medida que avancemos en este libro, discutiremos cómo y por qué funciona este sistema, además de brindarte las herramientas para que aprendas y practiques la sanación por Reiki desde la comodidad de tu hogar. A medida que aprendas a manipular tus energías vitales, pronto descubrirás que puedes obtener los resultados que la ciencia médica no ha podido proporcionar una y otra vez.

Se trata de lo que sabes.

Hay varias razones por las que has venido a Reiki y esperamos no decepcionarte. Simplemente busca este conocimiento con paciencia, aprende lo que lees, practica lo que aprendes, y pronto deja que lo que has aprendido se convierta en lo que realmente sabes. Los resultados que surjan harán que valga la pena.

¡Sigamos con el Capítulo 1 y comencemos a prepararte para el brillante futuro por delante!

1

¿POR QUÉ PROBAR NUESTRO ENFOQUE DE SANACIÓN POR REIKI?

Quizá sepas que el Reiki es un sistema de sanación de energía, pero ¿sabes cómo funciona?

Los chinos tienen una palabra llamada 'Chi', muy similar a 'Prana' o 'fuerza vital' para los hindúes, y es fundamental para la forma en que funciona la sanación por Reiki. El Chi está presente en todo y permea el universo. Velo como una energía personal que resuena con la energía del Universo.

Se traduce literalmente como "aire", como el aire que respiras todos los días para sostenerte. Los creyentes del Chi, Prana, Auras y otros conceptos de energía vital abundan en todo el mundo, y usan esta energía para su beneficio. No solo los practicantes que buscan curación, muchos artistas marciales también se suscriben a la creencia, usando las energías para protegerse o mejorar la veracidad de sus ataques.

Con Reiki, nuestra preocupación será utilizar el Chi para la curación y la armonía. A medida que viaja a través de nuestro cuerpo, emplea los caminos conocidos como meridianos, y conocer la ubicación de estos meridianos puede ayudarte a sanar muchas dolencias con bastante rapidez y bastante éxito. Más adelante veremos más sobre el uso de los Meridianos y Reiki.

En la Introducción te advertimos sobre ciertos problemas donde el Reiki puede ayudarte. Aquí hay algunos problemas más que el Reiki puede abordar (ten en cuenta que esto es solo una muestra de lo que puedes aprender a sanar. Reiki puede hacer todas estas cosas y más):

Reducción de los niveles de estrés en tu vida.

La sanación por Reiki crea no solo armonía sino un estado de relajación profunda que puede disminuir los factores de estrés en tu vida. Piénsalo en términos prácticos. ¿Alguna vez has tenido que tomar una decisión ante una emergencia? Cuando estás relajado, es mucho más probable que hagas un sonido, un juicio razonable que cuando estás en pánico o sobreestimulado debido al estrés.

Aumenta la capacidad del cuerpo para curarse del daño

El Reiki funciona con tu energía Chi, cuando al equilibrarse, se dice que mejora tu factor de autocuración. Cuando la fuerza vital del cuerpo es saludable, este efecto es natural. Haz un pequeño ejercicio y verás que tu cuerpo está funcionando a la máxima capacidad.

Ayuda a limpiar el cuerpo de las toxinas que ingerimos todos los días.

Ingerimos una cantidad sorprendente de toxinas día a día, a menudo en forma de aditivos químicos o conservantes en productos que podrían no ser tan '100% naturales' como se anuncia. El Reiki mejora la circulación y la capacidad del cuerpo para eliminar toxinas, mejorando así tu salud general.

Estimulando la creatividad para aquellos que desean expresarse artísticamente o de otra manera

Cuando tus energías se equilibran a través del Reiki, te encontrarás más receptivo a las inspiraciones de tu entorno. Un Chi saludable conduce a menos distracciones, y en tal estado de dicha armonía, te encontrarás mejor capacitado para crear.

Refuerzo del sistema inmunológico para defenderte o combatir enfermedades

A medida que la energía del cuerpo se equilibra con la sanación del Reiki, el sistema inmunológico se vuelve cada vez más eficiente. Esto puede hacer que tu cuerpo produzca más glóbulos blancos, y le dé a tu sistema inmunológico un impulso muy necesario para una vida más saludable.

¿Intrigado? Estás en buena compañía. Un estudio del 2007 indica que 1.2 millones de personas solo en los Estados Unidos se han tomado el tiempo para explorar los beneficios que el Reiki puede proporcionarles. Esto demuestra una infelicidad general que la comunidad médica sola no ha sido suficiente para abordar. Por lo tanto, obviamente se requieren otras medidas.

¡Estás en el lugar correcto!

Nuestro enfoque puede ayudarte a abordar estos problemas y muchos, muchos más.

¿Entonces, estás listo para comenzar?

¡Excelente!

Primero vamos a discutir un poco de la historia de Reiki, y después te ayudaremos a iniciar con algunos conceptos básicos de curación. Luego podrás tener tu caja de herramientas de Reiki con algunas técnicas nuevas y potentes a medida que avanzamos.

2

HISTORIA DEL REIKI

¿Cuál es la historia detrás del Reiki? Bueno, el Reiki es originario de Japón, la creación de un hombre llamado Mikao Usui.*

El Sr. Usui, un monje laico (un monje no clerical, quien hace votos locales pero no fue ordenado), Mikao vivía en una época de la historia de Japón cuando una amplia variedad de prácticas espirituales eran comunes, siendo budismo, sintoísmo y las creencias taoístas los modos principales de espiritualidad.

A principios de la década de 1920 (presuntamente en 1922) Mikao tendría una profunda revelación espiritual de que pasaría los últimos 4 años de su vida compartiendo con el mundo.

Usui Reiki nació.

Mientras contenía técnicas de curación de Reiki, la masa de las enseñanzas de Mikao ascendió a un poco más, con filosofías y percepciones no solo de las tradiciones japonesas sino también de la antigua medicina china. Emocionado por su descubrimiento espiritual, Mikao Usui viajó a lo largo y ancho de Japón para difundir sus revelaciones, llevando a los estudiantes al redil que compartieron su entusiasmo por este nuevo sistema de sabidurías antiguas.

Si bien enseñó a más de 2000 estudiantes antes de morir, solo había designado a 16 de ellos para ser Maestros del Reiki. Uno de los Maestros, un oficial naval retirado llamado Chujiro Hayashi, recibió la bendición de Mikao para abrir una clínica en Tokio. Después de haber trabajado mucho con Usui, Chijuro deseaba tomar los aspectos curativos del cuerpo principal de las enseñanzas de Usui, y hacerlos más accesibles al público en general.

A partir de esto, desarrolló su propio estilo de Reiki, manteniendo notas meticulosas mientras trabajaban los 16 Maestros en su clínica, lo que llevó a datos sobre qué posiciones de las manos eran más favorables para el tratamiento. También comenzó a impartir elementos curativos de la medicina china, como los meridianos, y elementos hindúes como los puntos Chakra en su práctica.

Chijuro, como su mentor, comenzó a entrenar maestros también, y uno de ellos sería una japonésa-americana llamada Hawayo Takata.

Hawayo había sido sanada de varias dolencias a través del tratamiento de Reiki y, como tal, se convirtió en una devota estudiante de Sensei Hayashi.

Eventualmente traería Reiki a Hawai en 1937.

Eventualmente, ella traería el Reiki a los Estados Unidos. Durante su vida, enseñó por 40 años antes de iniciar el entrenamiento de sus propios Maestros de Reiki, de los cuales había 22 en el momento de su muerte en 1980.

El Reiki moderno ha evolucionado, pero a medida que emplea la sabiduría antigua como su centro, mucho se ha mantenido igual. Si bien los 22 Maestros de Reiki de Takata han difundido sus enseñanzas y estilo, en la actualidad se practican varios estilos y combinaciones en todo el mundo.

Esto demuestra que Sensei Usui tenía algo entre manos…

3

CONCEPTOS BÁSICOS DE REIKI: SUS PRINCIPIOS, CÓMO FUNCIONA, Y MERIDIANOS

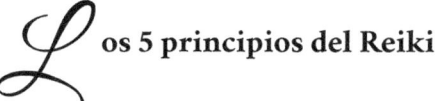

Los 5 principios del Reiki

1. Solo por hoy, no te enfades
2. Solo por hoy, no te preocupes
3. Solo por hoy, se agradecido
4. Solo por hoy, trabaja duro
5. Solo por hoy, sé amable con los demás.

Si bien Chijuro eliminó gran parte de las enseñanzas de Mikao Usui a fin de fomentar estrictamente los preceptos curativos de Reiki, muchas de las enseñanzas de Miikao aún permanecen. Los 5 preceptos de Reiki son uno de estos principios. Estas son palabras para vivir, elegantes en su simplicidad, tomemos un momento para contemplar esta sabiduría.

1. Solo por hoy, no te enfades.

Nos enojamos por las cosas más pequeñas. Cosas que a veces ni siquiera importan en una o dos horas, excepto en conversaciones triviales (y qué estado de cosas, cuando contamos historias de alguien que se nos interpuso en el tráfico, y el coraje que nos dio, como si dos cosas desagradables de pronto tuvieran más peso que la belleza de la vida).

Tómate un día libre de tu ira.

Sacude tu ira por hoy. Cuando sientas que viene, contempla algo que te haya hecho reír, o algo profundo como el nacimiento de tu hijo, o tan solo distráete tratando de describir los olores a tu alrededor en un diálogo mental. Prueba este pequeño experimento y al final del día pregúntate: "¿Fue mi día mejor o peor sin la ira?". Solo algo para contemplar.

2. Solo por hoy, no te preocupes.

La preocupación no nos ayuda mucho, y hace mucho en contra nuestra. El aumento en los niveles de estrés eleva nuestra presión arterial. Demasiada preocupación puede causar ansiedad o decisiones precipitadas. Intenta convertir esa energía, aunque solo sea hoy, en preparación o combustible para un día más productivo. Otra buena alternativa es descansar, como solían decir los vikingos: "Si pasas toda la noche preocupado por la batalla, estarás cansado por la mañana cuando debas luchar".

3. Solo por hoy, se agradecido.

Es sorprendente cuán frecuente olvidamos las cosas que tenemos, que nos quejamos de las cosas que queremos. Un techo, suficiente comida, empleo: estas son cosas que las personas en todo el mundo, e incluso cerca de tu hogar simplemente no tienen. ¿Realmente vale la pena tu sensación de paz para crear un mal día para ti y para los demás solo porque no le pusieron cebolla a tu sándwich en un restaurante, o tu amigo te dio una Pepsi en lugar de una Coca-Cola?

Tienes salud y una barriga llena, ya estás a la vanguardia del juego y, desde un punto de vista práctico, el tiempo que pasas sintiéndote malagradecido es tiempo que podrías pasar escribiendo aquella novela más vendida, pintando esa nueva obra que todos se maravillarán, creando prototipos de tu innovación, o la planificación de ese negocio pequeño. Cuando te descubras (y a veces es fácil olvidarlo), detente de ser desagradecido. Pruébalo, solo por hoy.

4. Solo por hoy, trabaja duro.

Uno de los placeres y tesoros poco conocidos y olvidados de la vida es la sensación al terminar un buen trabajo. Nos perdemos en nuestra rutina diaria y después de un tiempo parece que estamos corriendo en piloto automático. Si bien es posible que sientas la tentación de volar todo el día como un robot, ¿por qué no tomarte el tiempo, hacer valer tu voluntad y poder, y mostrarles lo que tienes? Por extraño que parezca, este simple precepto te brinda una forma de salir de tu rutina mientras estás en medio de experimentarla. Solo por hoy, deja que sea tu primer día en el trabajo, da todo de ti, y ve cómo te sientes al terminar. Podrías sorprenderte gratamente.

5. Solo por hoy, sé amable con los demás.

A veces el mundo parece moverse a la velocidad de la luz. Sentimos que necesitamos avanzar, superar lo que se encuentra en nuestro camino, y dejar todo atrás. El problema con esto es que es una actitud hacia el tiempo, más que una actitud hacia el mundo. Cuando empujamos y corremos, tendemos a ser groseros con los demás. Cuando asumimos que cada persona sin hogar está simplemente tomando un trago, a veces entregamos a gente buena al hambre, mientras nosotros matamos de hambre a nuestra propia alma.

Ve más despacio.

Hoy, sé amable. Alimenta a los pájaros. Dale al perro una comida extra. Ofrécele unas monedas al indigente. Ofrece a tu hermano el último panqueque. Haz una lista interminable de pequeñas cosas que puedes hacer para ser más amable, y cada poquito hace que el universo sea mucho mejor. Solo por hoy, no tomes, sino da.

Cómo funciona

Ahora que has probado la filosofía, veamos la razón por la que viniste aquí. Quieres aprender a realizar la sanación por Reiki. Entonces, mencionamos al Chi anteriormente, esa energía que está dentro de nosotros y a nuestro alrededor. Cuando se trata del cuerpo, tu Chi viaja a lo largo de conductos dentro de él llamados meridianos. Estos meridianos ayudan a garantizar el flujo de Chi a donde necesite ir en tu cuerpo. Piensa en ellos como 'Súper autopistas Chi'.

Ahora, cuando el Chi está bloqueado, o de otro

modo desequilibrado (demasiado Chi aquí, muy poco Chi allí), entonces comienzan los problemas, y cuanto más tiempo este la armonía desequilibrada, puede empeorar. Resultando en algo tan inocuo como un mal humor en un día en particular, y hasta condiciones más graves como el trastorno bipolar, e incluso problemas cardíacos.

Esto es algo serio, amigos. ¿Por qué creen que una cultura tan antigua como China todavía utiliza Meridianos en la acupuntura y otros tratamientos?

A la gente le gusta burlarse, pero a pesar del progreso de la ciencia médica actual, estos conceptos antiguos obviamente están haciendo algo para millones en todo el mundo que realmente está funcionando.

Entonces, hemos establecido que el Chi necesita fluir correctamente, y que los meridianos son los conductos que utiliza en tu cuerpo, ahora debemos hablar lógicamente sobre los meridianos. Esto parecerá complicado al principio, ya que necesitarás memorizar, con el tiempo, los caminos tortuosos que atraviesan el cuerpo. Como tarea después de leer el resto de este capítulo, obtén un pedazo de cartulina de la tienda, luego haz una búsqueda en Google, y copia diagramas de los

Meridianos para que puedas hacer un collage de sus ubicaciones. Cuélgalo en la casa en algún lugar donde lo veas a menudo. Pasarás por ejercicios en el siguiente capítulo que te enseñarán exactamente qué caminos toman los meridianos, pero creando una ayuda visual creativa puede ayudarte inmensamente al comenzar tu trayecto como Sanador Reiki.

Si estás listo, hablemos de los meridianos. El uso de este conocimiento requerirá un poco de práctica, pero una vez que comprendas los caminos que la energía Chi toma a través de tu cuerpo, entonces comprenderás cómo manipular mejor estas energías en el marco del Reiki.

Si estás listo, continuemos con las sanaciones individuales de los 12 meridianos.

Los 12 meridianos principales

Si bien los meridianos se identifican por partes particulares del cuerpo, eso no significa que solo gobiernen esa parte del cuerpo. Es un poco más complicado que eso, pero vamos a cortar la bruma por ti, cortarlo en trozos pequeños, y asegurarnos de que obtengas la comprensión que requieres. Después de todo, no estamos escribiendo el contenido de una enciclopedia, nuestro trabajo es brindarte lo que necesitas para equiparte y practicar.

1. **Riñones**: produciendo hueso y médula a través de un químico llamado EPO, los riñones también almacenan energía sexual y regulan el desarrollo de los órganos sexuales. Notarás que también mencionamos el asma y el tinnitus, esto se debe a que estos problemas pueden deberse a una insuficiencia renal de Chi. Asegúrate de cuidar este meridiano.

Ubicación: comenzando desde la planta del pie, este Meridian luego sube por el interior de la pierna, luego hacia el abdomen, y termina justo debajo de la clavícula.

Efectos físicos:

- Tinnitus
- Asma
- Dolor de espalda
- Problemas urinarios

Efectos emocionales: este meridiano controla tu fuerza de voluntad. Un bloqueo o desequilibrio en este meridiano puede causar la sensación de no tener control en la vida, incapaz de realizar cambios sin importar cuánto lo intentes.

2. Bazo: el Bazo realiza una serie de funciones importantes. Regulando el flujo sanguíneo, por ejemplo, y también regulando tu digestión. Como es una parte importante en el transporte de nutrientes y su Chi acompañante, también regula la densidad muscular.

Ubicación: este meridiano comienza justo por fuera del dedo gordo del pie, subiendo por el interior de la pierna hasta el muslo. Continúa hacia el abdomen y sube más, pasando el exterior del pezón hacia tu segunda costilla, donde comienza nuevamente hacia abajo y termina en el sexto espacio intercostal (sexto espacio en tus costillas, contando desde yu cabeza)

Efectos físicos:

- Problemas abdominales (estreñimiento, diarrea, sensación de hinchazón)
- Mala densidad muscular
- Órganos internos prolapsados.
- Fatiga crónica

Efectos emocionales: el bloqueo o desequilibrio en este meridiano puede hacer que te sientas mentalmente lento o distraído.

3. Hígado: el hígado rige la menstruación y el ciclo

reproductivo femenino. También es responsable de tus tendones y ligamentos. Lo más importante, este órgano se encuentra entre los más importantes para almacenar y hacer circular Chi en todo tu cuerpo.

Ubicación: comenzando dentro del dedo gordo del pie (debajo de la uña), este Meridiano corre por la pierna interna, hasta el muslo, y luego viaja hacia la parte externa del abdomen en dirección a su terminal, que es el esternón.

Efectos físicos:

- Rigidez en las articulaciones
- Problemas menstruales
- Vértigo
- Ictericia
- Visión borrosa u ojos secos.
- Dolores de cabeza

Efectos emocionales: el bloqueo de este meridiano puede llevar a una serie de efectos negativos, como ira, depresión, y un rango limitado de expresión emocional debido a un "bloqueo emocional".

4. Corazón: como administrador de tus venas, arterias y capilares, el corazón es inmensamente importante para tu salud física. También es muy importante para tu salud mental. Ve abajo.

Ubicación: este meridiano es un poco menos complejo de rastrear que los demás. Comienza en axila, baja por el brazo interno y termina en la uña del dedo meñique (el más pequeño).

Efectos físicos:

- Insomnio
- Mareos
- Dolores de pecho
- Respiración corta
- Sudor fríos y sofocos.
- Trastorno bipolar (por bloqueo prolongado o desequilibrio)
- Taquicardia / Palpitaciones del corazón

Efectos emocionales: este meridiano se relaciona con tu felicidad. Como tal, puede causar una serie de problemas psicológicos si se bloquea, como el trastorno bipolar, la ansiedad, la depresión y el trastorno obsesivo compulsivo. También se asocia directamente con un aspecto del Chi llamado 'Shen', que es esencialmente nuestro espíritu y salud mental ... la presencia que exudamos. Como puedes ver, pueden ocurrir varios problemas con el desequilibrio, así que asegúrate de realizar sanaciones de este Meridiano si sospechas que algo está mal.

5. Pulmones: tus pulmones regulan no solo tu respiración, sino también tu consumo de energía Chi.

Ubicación: comenzando en el primer espacio intercostal entre las costillas (el espacio entre la primera y la segunda costilla, comenzando debajo de la cabeza), este meridiano sube por el hombro y baja por la parte delantera del brazo, terminando en la uña del pulgar.

Efectos físicos:

- Problemas con el sentido del olfato.
- Sudoración e inflamación en la parte superior del cuerpo.
- Tos y congestión.
- Condiciones de la piel

Efectos emocionales: pueden producirse varios efectos cuando este meridiano está fuera de balance, como depresión, intolerancia, falso orgullo, desprecio, e incluso la incapacidad de procesar el dolor.

6. Pericardio: la membrana que encierra el corazón.

Además del gobierno de tu Meridiano, el Pericardio tiene importancia como un centro de energía del cuerpo al que puedes recurrir para sanidad. Esto se debe a que el Pericardio no solo protege el corazón, sino que disipa el exceso de energía del corazón, que puede atraer a la palma de la mano para distribuirla en las áreas que lo necesitan.

Ubicación: comenzando desde el exterior del pezón, este Meridiano viaja desde allí hasta el hombro, y luego baja por la parte delantera del brazo, terminando en la uña del dedo medio.

Efectos físicos:

- Problemas estomacales
- Problemas del corazón
- Dolores de pecho

Efectos emocionales: el desequilibrio o el bloqueo en el meridiano del pericardio pueden causar problemas con la expresión / comunicación personal con los demás, así como paranoia y fobias.

7. **Vesícula biliar**: al almacenar y excretar el exceso de bilis, los problemas con el meridiano de este órgano pueden tener serios problemas de salud y emocionales como se enumeran a continuación.

Ubicación: este meridiano toma un largo camino a través del cuerpo, comenzando en la esquina externa del ojo, yendo hacia dentro de tu cabeza y hacia abajo, y luego hacia la parte delantera de tu hombro. Desde aquí, ingresa dentro de tu abdomen, y luego sale nuevamente, viajando más hacia abajo en el lado externo de tu pierna, terminando en la cuarta uña del pie.

Efectos físicos:

- Tinte amarillento en la lengua o la piel.
- Dolor del hígado
- Sentirse hinchado

Efectos emocionales: el desequilibrio o el bloqueo del meridiano de la vesícula biliar pueden causar sentimientos de ira, orgullo excesivo y una actitud excesivamente crítica.

8. **Vejiga**: responsable de excretar los desechos líquidos del cuerpo.

Ubicación: este meridiano comienza en la esquina interna de tu ojo, donde luego pasa por la parte superior de la cabeza, bajando por la espalda y las piernas hasta que termina en la uña del dedo meñique (dedo del pie más pequeño).

Efectos físicos:

- Dolor de espalda
- Rigidez en los hombros y el cuello.
- Todas las enfermedades del sistema urinario.
- Dolores de cabeza crónicos

Efectos emocionales: el bloqueo o desequilibrio del meridiano de la vejiga puede causar problemas con la expresión emocional, un temperamento "desencadenante del cabello", inquietud y frustración extrema.

9. **Estómago**: el estómago digiere tus comidas diarias y extrae Chi de ellas, distribuyéndolas a tu bazo e intestinos.

Ubicación: este meridiano comienza justo debajo del centro del ojo, baja por la cara hasta el borde de la mandíbula, y luego vuelve a subir hasta la frente. Desde aquí, viaja hasta la garganta, continúa hacia la parte delantera de tu abdomen, baja por la parte delantera de la pierna, y termina en la uña del segundo dedo del pie.

Efectos físicos:

- Problemas digestivos

Efectos emocionales: Los efectos que pueden ocurrir por el bloqueo o el desequilibrio de este meridiano incluye no sentirse aceptado, nerviosismo, preocupación constante, y una mayor necesidad de criticar a los demás.

10. **Intestino delgado**: al distribuir nutrientes en todo el cuerpo, así como el Chi extraído de los alimentos digeridos, el bloqueo del intestino delgado puede provocar una o varias dolencias que se enumeran a continuación.

Ubicación: este meridiano comienza en la uña de su dedo meñique, subiendo a lo largo de la parte posterior de tu brazo hasta el hombro. Se desplaza hacia abajo por el hombro y luego vuelve al cuello, pasando finalmente a la oreja.

Efectos físicos:

- Acné
- Neuralgia
- Dolor abdominal
- Inflamación de los ganglios linfáticos
- Debilidad en las piernas.
- Siempre se siente frío
- Distensión estomacal
- Dolor en los nervios

Efectos emocionales: los impactos emocionales negativos del bloqueo o desequilibrio en este meridiano puede incluir no sentirse apreciado, indecisión, nerviosismo y sentimientos constantes de desánimo.

11. **Intestino grueso**: el intestino grueso elimina el agua de los desechos, la absorbe y excreta los sólidos.

Ubicación: este meridiano comienza en la uña del dedo índice. Desde aquí, sube por el brazo, detrás del hombro, y luego hasta la cara, terminando en la nariz.

Efectos físicos:

- Todos los dolores abdominales están relacionados con este meridiano.

Efectos emocionales: el bloqueo o desequilibrio de este meridiano puede resultar en una incapacidad para aferrarse o dejar ir a las personas en tu vida.

12. **Calentador triple** (el termostato de tu cuerpo): este no es en realidad un órgano, sino un concepto de medicina china. Podrías llamarlo tu metabolismo, pero eso es simplificar demasiado las cosas. El Triple Calentador regula la temperatura corporal, el meta-

bolismo y los líquidos. Como tal, prácticamente todos los desequilibrios relacionados con un órgano también se relacionarán con el Triple Calentador. El Triple Calentador, disecado, se ve así:

Calentador superior: gobierna la parte superior de tu cuerpo, incluyendo la cabeza, el cuello, el corazón, los pulmones y el pecho.

Calentador medio: el área entre el ombligo y el pecho, incluyendo el hígado (especial, ver más abajo), el bazo y el estómago.

Calentador inferior: también controla el hígado, la vejiga y los riñones.

Como puede ver, este es un poco más complicado al principio, pero para simplificarlo, asegúrate de incluir esto en la curación de cualquier meridiano, ya que siempre será parte de un desequilibrio.

Ubicación: este meridiano comienza en la uña del dedo anular, sube por el antebrazo y continúa por la parte posterior del hombro. Desde aquí, continúa alrededor de la oreja y termina en la ceja.

Efectos físicos:

- Todos

Efectos emocionales: como el Triple Calentador cubre todo el cuerpo, considera cualquier disonancia emocional que requiera una curación del Triple Calentador y de los otros meridianos asociados.

Los tres meridianos extraordinarios

Ahora que hemos discutido los 12 meridianos principales, necesitamos informarte sobre los Meridianos Extraordinarios. Si bien hay 8 de ellos, solo 3 se usarán en la curación de Reiki. Estos 3 actúan como baterías espirituales, almacenando energía Chi que puede circular a través del cuerpo según sea necesario. No entraremos en demasiados detalles en cada momento, ya que están un poco avanzados, pero queríamos incluir esta información para que tengas conocimiento de estos Meridianos adicionales para explorar. Los 3 meridianos extraordinarios son los siguientes:

1. **Ren Mai** -'El Meridiano de la Concepción '

Ubicación: comenzando dentro de la boca, en la punta de la lengua, este meridiano sigue un camino por la parte frontal del cuerpo hasta llegar al término del perineo.

Función: Este Meridiano gobierna todos tus Meridianos Yin.

2. **Du Mai** - 'El Meridiano que Gobierna'

Ubicación: este meridiano comienza en el cóccix, donde luego sube por la columna hasta terminar en un punto justo detrás de los dientes.

Función: este meridiano gobierna todos tus meridianos de Yang. También es responsable de los aspectos de protección / defensa de tu Chi.

3. **Dai Mai** - 'El Meridiano de la Faja'

Ubicación: corriendo en paralelo con los riñones y el ombligo, este Meridian se llama así porque se envuelve alrededor del cuerpo como una faja.

Función: este meridiano gobierna tu sentido del equilibrio.

Meridianos Yin y Yang

- Bazo y estómago
- Pulmones e intestino grueso
- Hígado y vesícula biliar
- Riñones y vejiga
- Corazón e intestino delgado
- Pericardio y Triple Calentador

Arriba está la lista de parejas de meridianos para el

Yin y el Yang. Tu Chi requiere que estas fuerzas estén equilibradas y tus Meridianos estén emparejados en relación entre sí y sus aspectos. Con las curaciones de Reiki y la acupuntura, cuando ocurre un desequilibrio, el órgano asociado de la pareja también debe curarse, ya que también está fuera de armonía con su meridiano emparejado. Por lo tanto, si estás realizando una curación del meridiano de los pulmones, también querrás hacer una curación del intestino grueso, a fin de restaurar tu armonía para que el Chi pueda fluir sin obstáculos. ¿Suena complicado? No te preocupes, lo tenemos cubierto, como verá en los ejercicios. Encontrarás que no es difícil, solo nuevo. Continuemos con el próximo capítulo, "Ejercicios de autocuración por Reiki" y le mostraremos.

4

EJERCICIOS DE AUTOCURACIÓN POR REIKI

¡Finalmente, hasta el meollo de la cuestión! Te hemos dado un poco de base para prepararte para este momento. Es hora de aprender cómo realizar tus primeras curaciones de Reiki. Estas curaciones pueden realizarse solo una vez por una dolencia o, mejor aún, varias veces. Los problemas que tardaron un tiempo en desarrollarse pueden llevar más tiempo, por lo tanto, ten en cuenta que a veces querrás realizar muchos tratamientos para garantizar una curación adecuada.

Antes de comenzar con los ejercicios, deberíamos tomarnos un momento para aconsejarte sobre la importancia de una respiración adecuada. Las técnicas de respiración adecuadas pueden ayudarte con una serie de cosas, que incluyen lidiar con el dolor, reducir el enfoque cuando necesitas ser agudo, y relajarte lo suficiente como para alcanzar un estado meditativo adecuado. ¿Es complicado? No, o al menos, no tiene que ser así. Existen técnicas avanzadas, por supuesto, que pueden tomar bastante tiempo para aprender. Sin embargo, todo lo que necesitas para comenzar es un ejercicio simple que detallaremos para ti ahora. Apréndelo, practícalo, conócelo. ¡Es primitivo pero te llevará a donde necesitas ir!

Entonces, si estás listo, describamos los pasos para tu primer ejercicio de respiración. *Ejercicio de respiración*

1. *Siéntate en un lugar cómodo para practicar. De esta manera no tienes distractores. Una vez que estás acostumbrado a medir la respiración, se convierte en una segunda naturaleza, de hecho, en momentos de estrés, puedes en automático usar técnicas de respiración que has dominado. Una vez que estés cómodo, sigamos adelante.*
2. *Inhala lentamente mientras cuentas hasta cuatro.*
3. *Contén la respiración lentamente mientras cuentas hasta*
4. *Exhala lentamente mientras cuentas hasta*

¡Eso es todo! Simple, pero efectivo. Puedes intentar alternar tus recuentos, por ejemplo, inhalar por 4, mantener durante 4, exhalar por 3 para ver cómo se siente. Diferentes combinaciones pueden producir diferentes resultados. Experimenta con ellos para ver qué te hace sentir más saludable y más concentrado. Parece una herramienta simple de un vistazo, pero es posible que te sorprendas de las aplicaciones que encontrarás. Ahora que sabes cómo respirar adecuadamente, vamos a comenzar con la curación del Triple Calentador, ya que este Meridiano deberá sanarse junto con cualquier otro Meridiano que estés tratando. Debido a su naturaleza (regulación de la temperatura corporal, fluidos corporales y metabolismo), el Triple Calentador casi siempre estará desequilibrado cuando haya un desequilibrio con los otros Meridianos. Tener el hábito de hacer esto puede hacer que tus curaciones sean más eficientes. Una nota, si lo desea, grábate leyendo los pasos de estas curaciones y escúchalo con un poco de música mientras practicas. Mantén la música instrumental para no distraerte. Esta es una excelente manera de aprender una curación si te gusta una inmersión con manos libres en lugar de sentarte y memorizar del libro. Por lo general, la curación de Reiki implicará la colocación de manos en lugares particulares, y las veremos más adelante, pero este método te permite realizar Reiki, y guardar los Meridianos correctamente en la memoria. **Curación Reiki para cada uno de los 12 meridianos.** *Triple Calentador*

1. *Comienza tus ejercicios de respiración, relajado. Visualiza tu propio Chi que se enciende a tu alrededor como una luz blanca brillante que te rodea dentro de ti. Trata de tener una idea de cómo fluye a través de tu cuerpo. ¿Sientes el bloqueo que está presente? Si no, no te preocupes, esto llegará con el tiempo. Coloca la mano, la palma abierta y los dedos ligeramente extendidos en el lugar sobre tu Pericardio. Como mencionamos anteriormente, es la membrana que encierra tu corazón la que drena el exceso de energía, por lo que vamos a aprovechar esto. Con tu Chi energizado a través de la visualización, comienza a atraer el exceso de energía hacia tu palma. Velo reunirse como una bola de luz, casi demasiado brillante para mirar. Ahora vamos a mover la bola de luz mientras movemos nuestra mano sobre el Meridiano. Cabe señalar que muchos practicantes simplemente mantendrán una mano sobre la cabeza o el pecho, y rastrearán los meridianos a través de la visualización. Sin*

duda puedes hacerlo si lo deseas, pero es una buena práctica practicar el rastreo de los meridianos al principio para aprenderlos. Sin embargo, quizá prefieras mover la mano, ya que se siente bastante elegante. Dicho esto, comienza colocando tu palma abierta sobre la uña del dedo anular. Visualiza el Meridiano como un cable eléctrico hecho de su propia luz blanca. Mueve tu mano con la bola de luz y ve cómo hace chispa con la energía Chi blanca mientras la llevas del brazo al hombro, moviéndola lentamente hacia atrás y detrás del hombro, mientras la acercas a la parte superior de la oreja y se detiene en tu ceja. Observa cómo la bola de luz se hace más pequeña a medida que transfiere la energía, y finalmente desaparece en el extremo del Meridiano. Quizá notes calor u hormigueo al hacer esto, no te preocupe, esto sucede a veces a medida que avanzas, y es algo bueno. A continuación, debemos considerar la relación Yin y Yang para este Meridiano. Se considera que el Triple Calentador es el aspecto Yang de un emparejamiento con su componente Yin, el Pericardio. Para garantizar el equilibrio, toma más energía de tu Pericardio para hacer otra bola de luz Chi, y mueve tu palma sobre el meridiano de Pericardio. Este movimiento estará muy cerca del opuesto del meridiano Triple Calentador. Mueve la palma abierta para que quede justo por fuera de tu pezón. Mueve tu mano lentamente hasta el hombro, y luego baja el brazo, deteniéndote en la uña del dedo medio. Como antes, ve la bola de luz disminuyendo lentamente mientras alimenta al Meridiano, cargándolo y destruyendo el desequilibrio y los bloqueos. Mueve la palma de la mano sobre los patrones de Meridian que acabas de trazar en esta curación, enfocándose para ver si todavía sientes algún bloqueo o desequilibrio, o si ahora se sienten energizados para ti. Puede llevar práctica desarrollar la sensibilidad a esto, así que se paciente. Algunas personas tienen la suerte de poder hacer esto naturalmente, pero la mayoría de las personas necesitarán un poco de práctica. No te preocupe si eres de ellos, pues pronto desarrollarás la sensibilidad. Si no sientes ningún bloqueo, o si todavía estás aprendiendo tu sensibilidad y no estás seguro, entonces relaja tu respiración, y considera realizar tu primera curación. ¿Te sientes diferente después de esto? Invierte en un cuaderno o en un libro en blanco para registrar tus curaciones y progresos, es una buena manera de aprender y documentar tus pasos a lo largo del camino de Reiki. Ahora, vamos a analizar la sanación de los riñones.

Riñones *Comienza tus ejercicios de respiración, alcanzando la calma interior donde estés listo para emprender esta labor. Visualiza tu propio Chi flameando a tu alrededor y dentro de tia medida que tu conciencia se expande a partir de tus respiraciones controladas. Coloca tu mano, palma abierta y dedos ligeramente extendidos, sobre tu Pericardio. Dibuja la energía Chi en tu palma, una bola blanca de luz curativa. Mueve tu palma, la bola de luz viajando con ella, a través del camino del Meridiano del Riñón. Comenzarás en la planta del pie, moviendo la luz hacia el interior de la pierna. Tráelo aún más hacia tu abdomen y más alto aún, hasta el hueso de la clavícula. Ve la línea del Meridiano tan claramente como puedas en tu mente, ahora crepitando con la energía curativa que recolectaste del Pericardio. Los riñones poseen un aspecto Yin, y el Yang de los riñones es la Vejiga. Dibuja otra bola de luz de tu Pericardio y habilitemos el Meridiano de la Vejiga. Mueve la palma y la esfera del Chi hacia tu cara, hacia la esquina interna de tu ojo,* *moviéndolo hacia arriba y sobre la parte superior de la cabeza, y luego hacia abajo por la espalda. Continúa bajando por la pierna hasta que llegar al pie, y la pelota se reduzca a nada en la uña de tu dedo más pequeño. Como antes, visualiza la línea Meridiana mientras la guardas en tu memoria a través de la práctica. Mírala serpentear por su camino, llenándose de poder mientras envías energía curativa y eliminas bloqueos y desequilibrio. Dibuja otra esfera curativa de Chi de tu Pericardio y realiza la Sanación del Triple Calentador para asegurarte de que los órganos que has sanado, y el regulador del cuerpo estén en armonía. Traza los meridianos asociados para detectar el bloqueo. ¿Ya sientes algo? No te preocupes, sigue practicando. Si no sientes ni un bloqueo, o aun te estás aprendiendo tus meridianos, siéntete libre de considerar esta práctica de curación completa. ¡Práctica práctica práctica!* Continuemos ahora para aprender una curación para el Bazo. **Bazo**

1. *Comienza tus ejercicios de respiración, igual que antes. A medida que tu conciencia se expande, visualiza tu Chi, brillando intensamente. Coloca*

*tu mano, palma abierta y dedos ligeramente
extendidos, sobre tu Pericardio. Toma el exceso de
energía proveniente del Pericardio en tu mano,
formando una bola de luz. Mueve la esfera de luz
de tu palma y Chi hacia tu pie, hacia el borde
exterior del dedo gordo. Muévelo desde ahí
lentamente hacia arriba por la pierna y más
arriba, hasta el muslo. Muévelo aun más arriba,
arriba del abdomen, y llévalo hacia afuera del
pezón hasta llegar a tu segunda costilla. Muévelo
hacia abajo nuevamente a la terminal, el sexto
espacio intercostal de las costillas (el espacio
intercostal es el espacio entre las costillas). Al
igual que con las curaciones anteriores, ve las
líneas Meridianas mientras las trazas. Míralas
llenándose de energía mientras la esfera
disminuye lentamente. El Bazo se considera el
Yin en su combinación con el Yang del Estómago.
Dicho esto, equilibremos el Yin y el Yang para
asegurar que estos órganos funcionen en
armonía. Dibuja una esfera de energía Chi desde
tu Pericardio nuevamente y mueve tu mano
hacia tu cara, sosteniéndola justo sobre el centro
de tu ojo. No te preocupes, esta luz es muy buena
para ti. Comience a moverla por la cara hasta el
borde de la mandíbula, luego hacia la frente.*

Mueve tu palma de luz lentamente hacia el abdomen, donde la bajará por la parte delantera de la pierna hasta tu pie y la terminal del Meridiano, tu segunda uña del pie. Visualiza el meridiano del estómago brillando ahora, libre de bloqueos y desequilibrios, y complementando la otra mitad del Yin y el Yang, el Bazo. Realice la curación del Triple Calentador para asegurarte de ser minucioso. Ahora que hemos realizado la curación, rastrea los meridianos con tu palma de nuevo, tanto para practicar como para ver si puedes sentirlos fluir con Chi sin obstáculos. Si no sientes ningún bloqueo, considere una sanación exitosa. Pasemos a nuestro próximo candidato, el hígado. **Hígado**

1. *Comienza tus ejercicios de respiración para tener la mentalidad adecuada.*
2. *Comienza la visualización de la energía Chi a tu alrededor, la misma energía que te impregna a ti y a todo en el universo. Velo como una luz brillante que te rodea y te llena. Coloca la mano, la palma abierta y los dedos ligeramente extendidos, sobre el pericardio. Dibuja la energía necesaria en un orbe para que esté listo para ser redistribuido. Mueve tu mano con el Chi curativo*

hacia tu pie. Comenzando en el dedo gordo del pie (visualiza la línea que comienza debajo de la uña), traza la palma abierta hasta la pierna interna, y llévala hacia arriba. Muévela más arriba a lo largo de la parte exterior de tu abdomen, observando cómo alimenta al Meridiano del Hígado con una luz blanca que hace chispa como la electricidad. Continúa hasta el esternón, y has completado el circuito. Ve todo el Meridian limpio y brillando con la energía que has colocado allí, y conserva la mayor cantidad posible en tu memoria. Pronto lo conocerás como el dorso de tu mano. El hígado se considera el aspecto Yin de tu emparejamiento Yin / Yang con la vesícula biliar. Muévelo hacia el Pericardio y extrae más Chi. Siéntelo como un calor en la mano y escúchalo crujir. Necesitaremos mucha energía, ya que este Meridiano toma un largo camino a través del cuerpo. Mueve tu mano a la esquina exterior del ojo. Deja que el orbe se suelte y visualízalo yendo dentro de tu cabeza y hacia abajo, hacia la parte delantera de tu hombro. Cógelo con la palma de tu mano, y llévalo lentamente por tu abdomen, dejándolo soltar nuevamente para que entre, mientras mueves la palma hacia abajo. Mira cómo el orbe vuelve a tu mano, ahora más pequeño ya que gasta tus energías. A continuación, muévelo hacia abajo por el lado externo de la pierna y lo llevarás gentilmente hasta su terminal, la uña del cuarto dedo del pie. Este es un poco más complicado pero lo aprenderás. Con este fin, trata de verlo brillando intensamente en los ojos de tu mente, lleno de la energía que le alimentaste. Los meridianos de la vesícula biliar y el hígado ahora están trabajando, una vez más, en armonía juvenil. Realice la curación del Triple Calentador para descartar cualquier desequilibrio que pudiera haber causado el meridiano del hígado y la vesícula biliar cuando estaban en desarmonía. Rastrea los meridianos con los que acabamos de trabajar con tu palma abierta. Ve si puedes sentir las armonías de los meridianos con los que acabas de trabajar tan íntimamente. Si no sientes ningún bloqueo, sigamos adelante. **Corazón**

1. *Comienza con tus ejercicios de respiración para centrarte. Abre tu percepción y ve tu poder Chi, arder brillantemente. Coloca tu mano sobre el pericardio, con la palma abierta y los dedos ligeramente extendidos. Dibuja sobre el exceso de*

Chi que tu cuerpo está derramando y dale forma de orbe. Tómate un momento para disfrutar de la maravilla de su brillantez. Como una caja llena de cachorros o gatitos, la sonrisa de un bebé, un helado en un caluroso día de verano ... esto es lo más importante de la vida. Mueve la energía Chi en tu mano abierta a tu axila. Ahora muévelo lentamente por tu brazo interno y tómalo suavemente a la uña de tu dedo más pequeño. Visualiza el meridiano brillando intensamente de la energía que acabas de solicitar. Grábalo en tu memoria y sigamos equilibrando su contraparte. El meridiano del corazón es el Yin de su pareja Yin y Yang con el intestino delgado. Para sanar el intestino delgado y restablecer la armonía total en los dos, mueve tu mano hacia el pericardio, la palma abierta y los dedos extendidos ligeramente, y atrae energía fresca hacia él y forma una esfera en tu mente. Mueve tu mano hacia la mano opuesta, sosteniéndola sobre la uña del dedo más pequeño. Muévala hacia arriba, sobre la parte posterior de tu brazo hasta el hombro, el orbe de luz Chi se vuelve más pequeño a medida que avanzas. Bájalo de tu hombro, y luego regrésalo a la garganta. Desde aquí, lleva una pequeña esfera a tu oído donde la última energía que recogiste será absorbida en el Meridiano. Nota el Meridiano, ahora libre de bloqueos y con poder, resplandeciendo con luz, y guarda todo lo que puedas en tu memoria. Realiza el Triple Calentador para asegurar la minuciosidad de este trabajo de salud. Traza todos los meridianos con los que hemos trabajado en esta curación para ver cómo se sienten las energías. ¿Todavía sientes un bloqueo, o se sienten como ríos de energía? Si no sientes ningún bloqueo, continuemos. **Pulmones**

1. *Comienza tus ejercicios de respiración en preparación para la manipulación de tu Chi. Ve tu Chi, a tu alrededor y dentro de ti, brillando más que cualquier reflector. Coloca tu mano, palma abierta y dedos ligeramente extendidos, sobre tu Pericardio para que podamos recolectar el exceso de energía Chi. Dibújala en tu mano, una esfera ardiente de luz curativa. Mueve tu mano hacia arriba, hacia la parte superior de tu caja torácica, deteniéndote al inicio del Meridiano. Este será el primer espacio intercostal o, simplemente, el primer espacio entre tus dos primeras costillas. Mueve lentamente la luz Chi por el hombro y deja que se mueva hacia abajo*

por la parte delantera de tu brazo, la bola disminuyendo de tamaño conforme la energía fluye hacia el Meridiano. Continúa bajando por la parte delantera de tu brazo hasta llegar a la uña del dedo gordo, donde el pequeño orbe finalmente agotará su energía. Tómate un momento para disfrutar de la vista de este meridiano, brillando intensamente y sin bloqueos antes de continuar con su contraparte de Yin y Yang. Los pulmones se consideran el emparejamiento Yin i Yin y Yang que existe con su contraparte, el intestino grueso. Volvamos nuestra mano con la palma abierta al Pericardio, y una vez más recojamos energía Chi curativa. Recoge tu esfera de luz blanca y llévala con la mano hacia la uña del dedo índice. Desde ahí, lleva tu brazo a la parte posterior del hombro y, a medida que la esfera de luz se reduzca, llévala más hacia tu cara, y a su terminal: tus fosas nasales. Realiza la curación Triple Calentador para asegurarte de que esto también esté en equilibrio, y para garantizar la eficacia de este trabajo. Traza los meridianos con tu mano para ver lo que sientes. A estas alturas es probable que estés desarrollando sensibilidad a estas energías. Buen trabajo. Pronto estará listo para otras técnicas también. Si sientes que no hay bloqueo, sigamos adelante y no lo olvides, algunas curaciones pueden tomar varias sesiones, así que no tengas miedo de realizar esta u otras curaciones varias veces en una semana. Ahora pasaremos con nuestro amigo, aquella 'compañía eléctrica' de repuesto Chi, el Pericardio. **Pericardio**

1. *Comienza tus ejercicios de respiración, como siempre. No descuides la respiración adecuada, es mucho más fácil ingresar al estado mental necesario para estas labores. Ve tu Chi en todo su esplendor, ardiendo y llenándote. Y estamos listos… Coloca tu mano, palma abierta y dedos ligeramente extendidos, sobre tu pericardio. Mientras hacemos una curación para el Pericardio, mientras intentas extraer energía, tira también mentalmente de algunos de los Chi que te rodean. Eres uno con el Universo, por lo que extraer esta energía es simplemente tomar prestado de ti mismo. Se repone. Mueve tu mano abierta y sosténgala sobre el espacio justo afuera de tu pezón, levantándola lentamente por el hombro y luego hacia abajo por la parte delantera de tu brazo. Observa cómo disminuye la bola de luz, y siente*

cualquier bloqueo explotando en la luz curativa de tu Chi, y mueve la esfera menguante hacia el extremo de este Meridiano, la uña de tu dedo medio. Tómate un momento para admirar este meridiano de luz que sirve al cuerpo como un camino para tu Chi. Pronto te sabrás esta ruta de memoria. Como ya estamos familiarizados con el emparejamiento Yin Yang (el Pericardio se empareja con el Triple Calentador), realiza la Sanación del Triple Calentador para continuar. Traza los meridianos tanto del pericardio como del triple calentador para ver lo que siente. ¿Se sienten bloqueados todavía? ¿Armonioso? Deben sentirse saludables y restaurados después del trabajo. Si no sientes ningún bloqueo, podemos continuar hasta la vesícula biliar. **Vesícula biliar**

1. *Comienza tus ejercicios de respiración para prepararte. Con cada vez que practicas, se hace cada vez más fácil ver el Chi a tu alrededor. Tómate un momento para felicitarte por tu paciencia y perseverancia. Disfruta de tu Chi un momento y continuemos. Coloca tu mano, palma abierta y dedos ligeramente extendidos, sobre el Pericardio. Extrae el exceso de Chi y siente cómo*

llena tu mano con calor y poder curativo. Describimos el camino meridiano de curación de la vesícula biliar cuando hablamos sobre el hígado, sin embargo, como es uno de los meridianos más complicados de memorizar, lo enumeraremos nuevamente para ti. "Mueve tu mano hacia la esquina externa de tu ojo. Deja que el orbe se suelte, y visualiza que vaya por dentro de tu cabeza y hacia abajo hacia la parte delantera de tu hombro. Atrápalo con la palma de la mano, y llévalo lentamente hacia el abdomen, soltándolo nuevamente para que entre, mientras mueves tu palma hacia abajo. Mira cómo el orbe vuelve a tu mano, más pequeño ahora que gastó sus energías. Luego, lo moverás hacia abajo por el lado externo de tu pierna, y lo llevarás suavemente a su terminal: la uña del cuarto dedo del pie ". Mueve tu mano sobre tu Pericardio y recolecta más luz curativa de tu Chi. Dirige el orbe con tu mano sobre el meridiano del hígado de antes en este capítulo.

1. *Realiza la curación del Triple Calentador. Traza los meridianos asociados para detectar bloqueo o desequilibrio. Si estás satisfecho con lo que sientes*

de los meridianos, es hora de seguir adelante. **Vejiga**

1. *Comienza tus ejercicios de respiración para relajarse adecuadamente. Visualiza tu Chi, poderoso y ardiente alrededor y dentro de ti, listo para esta labor. Coloca tu mano, palma abierta y dedos ligeramente extendidos, sobre tu Pericardio. Recoge el exceso de energía Chi en tu palma en una bola de luz blanca. Mueve tu mano hacia tu cara, hacia la esquina interna de tu ojo, donde luego pasa por encima de la cabeza. A medida que la luz Chi disminuye lentamente mientras fortaleces el Meridiano, muévelo por la espalda y las piernas hasta que el Meridiano termine en la uña del dedo meñique (dedo más pequeño) y absorba completamente la esfera Chi. Como aprendimos de una curación previa en este capítulo, la Vejiga es el acoplamiento Yang del Yin y Yang que tiene con los Riñones. Reúne más energía de tu Pericardio, y realiza el paso 4 de la curación de los Riñones para potenciar el Meridiano del Riñón para el equilibrio. Realice la curación del Triple Calentador para asegurar el equilibrio. Revisa los meridianos de esta*

curación con tu mano y tu creciente sentido de las energías.

2. *Si no sientes ningún bloqueo, podemos pasar a nuestra próxima curación.* **Estómago**

1. *Comienza tus ejercicios de respiración para centrarte. Una vez centrado, abre tu conciencia para ver tu energía Chi a tu alrededor y dentro de ti. Estamos listos para continuar. Coloca la mano, la palma abierta y los dedos extendidos ligeramente sobre tu pericardio. Saca el exceso de energía Chi y deja que se forme en una bola de luz ardiente. Mueve tu mano hacia tu cara, justo debajo del centro de tu ojo. Mueve la esfera de Chi en tu mano hacia abajo, hasta el borde de la mandíbula, luego hasta la frente. Desde ahí, mueve la mano lentamente por la garganta, a medida que la energía de la esfera ingresa al meridiano del estómago. Continúa bajando por la parte delantera de tu abdomen, bajando por la parte delantera de tu pierna hasta llegar a su terminal: tu segundo dedo del pie. El meridiano del estómago es el Yang del Yin y el emparejamiento de Yang que disfruta con su Yin: tu Bazo. Extrae energía una vez más de tu pericardio y sana el meridiano del bazo (solo*

realiza el paso 4 de la curación enumerada anteriormente en este capítulo) Realice la Sanación del Triple Calentador para asegurarte de que el bloqueo anterior no haya causado ningún desequilibrio. Traza los meridianos asociados con esta curación para asegurarte de que el flujo de Chi a través de estos meridianos sea saludable y desbloqueado. Si no sientes ningún bloqueo, considere la curación exitosa. No te preocupes, solo nos quedan dos más. Esperamos que hayas tomado nuestro consejo de antes, y hayas creado un registro de tu progreso. Esta es a menudo la mejor manera de tener una buena idea de cómo vas progresando, y también para monitorear que tan seguido estás practicando. El Reiki es un camino gratificante hacia una vida larga y saludable. Dicho esto, y sin más preámbulos, pasemos a la primera de las dos últimas curaciones en este capítulo, el intestino delgado. **Intestino delgado**

1. *Comienza tus ejercicios de respiración y despeja tu mente para que seas receptivo a tu Chi, Visualiza tu propio Chi, envolviéndote de*

pies a cabeza con las luces más brillantes, la vida pura y la dicha divina. Coloca tu mano, palma abierta y dedos ligeramente extendidos, sobre tu pericardio. Extrae el exceso de energía Chi a tu mano en una bola de blanco resplandeciente. Mueve la palma de tu mano y la esfera de Chi a la mano opuesta, llevando la luz al inicio del meridiano del intestino delgado, tu dedo meñique (el más pequeño). Mueve la esfera hacia arriba del Meridiano, ubicada arriba de la parte posterior de tu brazo, hasta tu hombro. Observa que el orbe disminuye de tamaño a medida que continúas hacia el cuello, y hasta la terminal del extremo meridiano en la oreja. Mira el meridiano crepitar de energía. Según la práctica con las curaciones anteriores, es probable que ya te resulte familiar, casi como un viejo amigo. Continuemos. El intestino delgado es el componente Yang de su emparejamiento con el corazón Yin. Al llegar a tu Pericardio, reúne más exceso de luz Chi en un orbe, y usa este para sanar el Meridiano, para que tu Corazón equilibre los dos Meridianos. Usa solo el paso 4 de la Curación Meridiana del Corazón. Realice la curación del Triple Calentador para asegurar el equilibrio. Revisa los meridianos con tu mano, abre la palma y los dedos ligeramente extendidos, trazando sus caminos para sentir sus energías. ¿Se sienten más equilibrados? Si no sientes ningún bloqueo, estamos listos para continuar hacia la última de las curaciones de este capítulo para que practiques. Buen trabajo. **Intestino grueso**

1. *Comience tus ejercicios de respiración para que puedas ser receptivo a tus energías Chi. Visualiza tu Chi, brillante y poderoso de tu práctica y curaciones previas. Coloca la mano, la palma abierta y los dedos ligeramente extendidos, sobre el pericardio. Extrae la energía que necesitaremos en un orbe curativo y continuemos. Mueve tu mano y Chi curativo a la mano opuesta, apuntando hacia la uña de tu dedo índice. Mueve la esfera curativa hacia arriba de tu brazo, observa cómo se vuelve más pequeña a medida que gasta energía en destruir el bloqueo y potenciar este Meridiano. Continúa moviendo la luz curativa hacia arriba y detrás de tu hombro, y luego hacia tu cara, agotando la esfera mientras termina en tus fosas nasales. El intestino grueso es el Yang a su Yin de tus pulmones. Mueve tu mano hacia el Pericardio, y extrae otra esfera de*

energía Chi curativa, y luego úsala para rastrear y sanar el meridiano de los pulmones. Sana solo el meridiano, no realices la curación completa de los pulmones. Realiza la curación del Triple Calentador para asegurar una función adecuada, ahora que el Intestino grueso y los Meridianos pulmonares están nuevamente en armonía. Usa tu sensibilidad, volviéndote más afinado con tu práctica para verificar la integridad de los meridianos que acabas de sanar.

2. Si estás satisfecho con los resultados de esta curación, entonces estás listo para seguir adelante. Así concluye nuestro capítulo sobre los ejercicios de autocuración por Reiki. A continuación vamos a discutir los Tres Pilares, un conjunto de trabajo de Reiki fundamental que Mikao Usui desarrolló para su uso antes de las curaciones, e incluso como parte de tu rutina diaria. Vamos a seguir esto con una curación basada en la sanación por Reiki tradicional donde aprenderás las ubicaciones tradicionales de las manos ahora que tienes suficiente conocimiento de los meridianos para utilizarlos. Aquí es donde todo se conecta.

LOS TRES PILARES Y LA SANIDAD POR REIKI PARA OTROS

Los Tres Pilares del Reiki

Además de los 5 Principios del Reiki, Usui enseñó los Tres Pilares como una forma de práctica fundamental para el Reiki. Estas meditaciones deben realizarse antes de cada sesión (a algunos les gusta realizar la meditación Gassho todas las mañanas) y la guía te ayudará a perfeccionar tu intuición en algo en lo que puedas confiar fácilmente. Entonces, para comenzar, te informaremos sobre cada Pilar y luego te daremos información sobre cómo observar los Pilares antes de realizar una Sanación de Reiki. **Gassho** - Traducido como 'Dos manos unidas', Gassho es muchas cosas, entre ellas un momento de limpieza seguido de lo que equivale a una declaración espiritual de intenciones. Por último, proyectar el sentimiento de gratitud a la conciencia colectiva hacia la sanación que estás a punto de realizar. **Reiji-Ho** – La traducción más cercana es 'la indicación del poder Reiki'. El Reiji-Ho esencialmente pide que tus manos sean guiadas. Esto ayuda a tu objetivo de ser intuitivo sobre si los meridianos están desequilibrados, con poco o ningún esfuerzo. **Chiryo** - Traducido como 'Tratamiento', esta parte es más de acción que de meditación. Habiendo realizado el Gassho y Reiji-Ho, el practicante comienza a imponer las manos en los lugares donde se requiere. Al principio, usarás el orden estándar de arreglo de manos a medida que aprendes las ubicaciones del cuerpo, pero eventualmente, a través del Chiryo, desarrollarás una idea de dónde colocarlas. Entonces, ¿cómo invocar estos pilares? Bueno, con Chiryo es, como dijimos, simplemente practicar. Para los dos primeros accederás a tus energías de esta manera: ***Invocación de Gassho***

1. *Encuentra un lugar cómodo para sentarte (puedes hacerlo de pie si lo deseas, como te sientas más cómodo). Comienza tus ejercicios de respiración para tener la mentalidad adecuada. Cierra los ojos y coloca las manos delante de ti, cerradas en posición de "oración".*

Presiona tus dedos juntos, y centra tu atención en la punta de tus dedos medios. Recita los 5 principios de Reiki: **Solo por hoy, no te enfades**

Solo por hoy, no te preocupes

Solo por hoy, se agradecido

Solo por hoy, trabaja duro

Solo por hoy, sé amable con los demás. Cuando hayas terminado, proyecta tus sentimientos de gratitud hacia el Universo, hacia la conciencia colectiva ... y listo. A continuación, seguiremos con la parte orientativa de la rutina de pre-curación. La invocación de Reiji-Ho ayudará enormemente a tu intuición, y el efecto es acumulativo, como pronto verás. **Invocación Reiji-Ho**

La invocación de Reiji-Ho se realiza en 3 partes pequeñas. **Parte 1**: con las manos colocadas como antes cuando realizabas el Gassho, cierra los ojos y pide que el poder de Reiki fluya a través de ti. Visualiza energías de todos los colores que vienen de todas las direcciones hacia ti, iluminando tu Chi como una estrella. Ahora tienes el poder para tus sanaciones.

Parte 2: Pídele al Universo que el problema se cure.

Pide su recuperación en todos, incluso los niveles inesperados.

Parte 3: Pídele al Universo y al poder de Reiki que guíen tus manos, llevándolas a donde se necesiten para que tu paciente pueda sanarse por completo. Ahora puedes continuar hacia Chiryo, donde practicas tus posiciones de sanación con Reiki. Con el tiempo, no tendrá que hacerlos todos, solo los que se necesitan. Continuemos ahora con tu primera curación de Reiki tradicional. Será mucho más fácil de lo que esperas. Ahora que conoce los Meridianos, todo lo que necesitas para la sanación Reiki es la mentalidad adecuada, los Pilares, y tu conocimiento obtenido con tanto esfuerzo de los Meridianos. ¿Emocionado? Entonces continuemos. **Sanación de Reiki tradicional** En el Reiki japonés tradicional, hay posiciones de manos usadas para sanar los meridianos. Si bien normalmente no tocas a alguien cuando estás haciendo la curación, puedes poner las manos sobre ellos (con consentimiento), sostener tus manos ligeramente sobre ellos en los lugares correctos, o colocar las manos de las personas en la posición correcta con las tuyas sobre ellos (bueno para las áreas que son un poco más privadas). Ahora que tienes un conocimiento práctico de los meridianos con los que trabajarás, estás listo para una curación tradicional. Esto no requiere ningún ritual especial, por así decirlo. La colocación básica sobre las áreas afectadas y el enfoque en el flujo adecuado del Chi es todo lo que se requiere. Dicho esto, una pequeña explicación a medida que trabajas puede ayudar mucho a tu paciente para que entienda exactamente lo que estás haciendo. Para futuras curaciones, todo lo que se requiere es una simple colocación de la mano en las áreas correctas combinadas con tu conocimiento de Meridianos. Puedes hablar sobre tu día con el paciente de manera regular. El Chi irá a donde debe ir por naturaleza, todo lo que necesita a veces es un pequeño empujón de Reiki. Estos son los pasos que puedes seguir para otorgar una curación de Reiki tradicional para otra persona. Sigue estos pasos para aprender las posiciones de las manos y pronto estarás listo para hacer tales curaciones por tu cuenta. **Pasos para la Sanación Reiki** Haz que el receptor de la sanidad se acueste boca arriba en un lugar cómodo y de fácil acceso. Cuando te conviertes en experto en Reiki, podrías considerar comprar una vieja cama de hospital, o una mesa de masaje para tus sanaciones, ya que estas tienen la altura adecuada para una sesión de Reiki. Coloca ambas palmas abiertas sobre el pericardio de tu paciente. Hazle saber que tu función es expulsar el exceso de Chi, y que lo extraerás para redistribuirlo por todo el cuerpo según sea necesario. Hazle saber también que este tratamiento no es invasivo en absoluto, que involucra solo tu conocimiento del flujo de Chi y la colocación adecuada de tus manos para empujarlo, ya que su cuerpo hace el resto, y que el paciente pueda sentirse libre de tener una agradable conversación contigo mientras las cosas continúan sin temor a interrumpir las energías. Coloca tus manos en la **Primera Posición.**

Ubicación: Rostro, cubriendo los ojos.

Con la primera posición, estarás de pie detrás de tu paciente, con las manos ligeramente ahuecadas sobre tus ojos. No toques, solo sostén las manos arriba (dependiendo de tu estilo personal y el nivel de comodidad del paciente) Alternativamente, puedes colocar las manos del paciente sobre sus ojos, y las tuyas por encima de ellos si eso es más deseable para aquel a quien estás sanando.

4. Mantén las manos en su lugar y siente el flujo de Chi a través de los meridianos. Ve al Chi fluir a través de ellos, destruyendo obstáculos en su camino para que la energía vital fluya libremente a lo largo de cada meridiano, como debe ser. 5. Ahora veremos la **Segunda Posición.**

Ubicación: parte superior de la cabeza del paciente.

Lleva tus manos ligeramente hacia atrás para que el interior de tus muñecas toquen la parte superior de la cabeza, y tus manos se coloquen de modo que haya una a cada lado, con la punta de los dedos casi tocando sus orejas. 6. Mantén tus manos en su lugar y siente el flujo de energía del Chi, viajando a través del cuerpo, fortalecido y estimulado para fluir por tu tratamiento. Mantén las manos en su lugar todo el tiempo que sea necesario antes de pasar a la siguiente posición. 7. Mueve tus manos a la **Tercera Posición**.

Ubicación: la parte posterior de la cabeza del paciente.

Pídele a tu paciente que levante la cabeza ligeramente. Para esta posición, tocar es más conveniente para ti, pero esto, claro, dependerá del recipiente de dicha curación, y de sus propios niveles de comodidad personal. Si están de acuerdo con tocar, mantén ambas manos juntas debajo de la cabeza, sosteniéndola cómodamente. Si no se siente cómodo con el tacto, solo asume la misma posición con las manos, y solicita que mantenga la cabeza erguida por un momento hasta que esta parte de la sanación se acomplete. 8. Con la energía Chi que tienes en tus manos, el flujo de Chi debe restablecerse en breve y podemos continuar a la siguiente posición. 9. Ahora colocaremos nuestras manos en la **Cuarta Posición**

Ubicación: cubriendo las mejillas, la barbilla y las muñecas casi tocando las orejas.

La Cuarta posición consiste en sostener el rostro del paciente desde atrás, los pulgares deben estar nivelados con las mejillas, tocar con los dedos o casi tocar debajo de la barbilla, y los talones de las manos casi tocando las orejas. Esta es otra posición donde la habilidad de tocar es favorable, pero mantengamos todo dentro de la zona de confort del paciente. 10. Tómate un momento sosteniendo las manos en la cuarta posición, persuadiendo suavemente la energía Chi para que siga su camino natural. Siente el calor mientras la corriente de Chi asume su flujo natural. 11. Estás listo para colocar tus manos en la **Quinta Posición.**

Ubicación: garganta y el centro del pecho del paciente.

Colocarás tu mano derecha, ligeramente curvada sobre el cuello del paciente. Coloca tu mano izquierda sobre el centro del pecho, al lado del Corazón. 12. Deja tus manos en esta posición, ya que más del exceso de Chi restaura el flujo de energía adecuado. 13. Moviéndote al lado de tu paciente, coloca tus manos en la **Sexta Posición.**

Ubicación: centro del tórax / caja torácica superior.

Coloca tu mano izquierda sobre el lado izquierdo de la caja torácica, justo debajo del nivel del pecho, y coloca tu mano derecha sobre el lado derecho de la caja torácica. 14. Tómate un momento para concentrarte en las energías que fluyen adecuadamente. Visualiza los meridianos más cercanos a esta área a medida que los capacitas con la colocación de tus manos y el exceso de Chi. 15. Ahora estás listo para colocar tus manos en la **Séptima Posición.**

Ubicación: el plexo solar del paciente.

Mueve ambas manos hacia el área del Plexo Solar / 'Vientre'. Está justo por encima del ombligo. 16. Mueve tus manos hacia abajo a la **Posición Ocho.**

Ubicación: huesos pélvicos del paciente.

Moviendo ambas manos hacia abajo aún más y separándolas ligeramente para que una mano esté sobre cada hueso pélvico, ahora has asumido la Octava Posición. 17. Deja que el exceso de Chi drene aún más, engatusando el flujo natural de energía Chi a través del cuerpo del receptor.

Cuando sientas que la energía fluye al máximo nivel, pasa a la siguiente posición. 18. Cuando estés listo, haz que el paciente se dé vuelta sobre su estómago. Ahora puedes colocar tus manos en la **Novena Posición.**

Ubicación: omóplatos del paciente.

Coloca las manos como antes, pero esta vez en los omóplatos, con la mano izquierda sobre el omóplato izquierdo y la mano derecha sobre el omóplato derecho. 19. Siente el flujo de energía yendo de restringido a ligeramente ensanchado, luego de un poco ensanchado a completamente sin obstrucciones. Una vez que el flujo de Chi haya sido restaurado desde la colocación de tu mano, estamos listos para pasar a lo siguiente. 20. Moviendo tus manos hacia abajo, estamos listos para detenerlos en la **Décima Posición.**

Ubicación: el centro de la espalda del paciente.

Para esta posición, simplemente estamos moviendo nuestras manos lentamente hacia abajo hasta que se ciernen sobre la parte central de la espalda. 21. Manteniendo las manos en su lugar y visualizando las líneas Meridianas, observa cómo la energía Chi reanuda un flujo saludable. 22. Ahora estamos listos para mover las manos más abajo hacia la **Posición Once**

Ubicación: la espalda baja del paciente.

Moviéndote más hacia abajo, manteniendo las manos cubriendo los lados izquierdo y derecho, muévelas hacia la parte inferior de la espalda y deténte, manteniéndolas en su lugar. 23. Mantén tus manos en su lugar hasta que el flujo de energía de Chi se sienta saludable y productivo. 24. Ahora podemos pasar a la **Posición Doce**

Ubicación: justo encima del coxis.

Mueve tus manos hacia abajo y sostén sobre el área justo arriba del coxis (definitivamente no tocar sin permiso). 25. Mantén tus manos en su lugar hasta que sientas que se han borrado todos los bloqueos, y luego estamos listos para proseguir. 26. Mueve las manos hacia las piernas para la **Posición Trece**

Ubicación: Detrás de las rodillas y en la base de los tobillos.

Coloca una mano sobre el espacio detrás de la rodilla y una mano sobre el tobillo inferior. 27. Mantén tus manos aquí y permite que el flujo de Chi se reafirme mientras visualizas la energía de Chi que fluye hacia los puntos terminales de los meridianos que terminan en sus pies. 28. Mueve tus manos a las ubicaciones finales, la **Posición Catorce**

Ubicación: las plantas de los pies del paciente.

Al acercarte o simplemente pararte delante del paciente, coloca las manos pero sin tocar las plantas de los pies. 29. Tómate un momento nuevamente para sentir la energía de los meridianos que terminan en este punto.

30. La curación está completa. Pregúntale a tu paciente cómo se siente. La mayoría reportará sentirse relajado y renovado, el Chi restaurado a sus flujos correctos y sin obstrucciones. Ahora ya sabes las sanaciones, los ritos diarios. Lo que hagas con ellos depende de ti. En el próximo capítulo ampliaremos tu conocimiento, lo que hagas con él, para bien o para mal, depende de ti. Espero que no te vuelvas un 'Reiki oscuro' después de todo este tiempo, ten un poco de paciencia, y pronto serás un sanador distinguido. Mantén cerca lo que has aprendido, enfoca tu moral y, sobre todo: sana.

PUNTOS CHAKRA Y REIKI: ¿SON COMPATIBLES?

Ahora que ha aprendido algo de sanación básica de Reiki, nos gustaría presentarte otro sistema que puede usarse en conjunto con tus técnicas actuales, para mejorar y fortalecer tus resultados. Estamos hablando de los Puntos Chakra. Entonces, ¿qué son exactamente los puntos Chakra, y son realmente compatibles con Reiki? Los puntos Chakra es un sistema derivado del hinduismo que tiene un alcance bastante interesante. Basado en escritos llamados 'Vedas', escritos entre 1000 y 1500 años antes de Cristo, la palabra real 'Chakra' se traduce como 'rueda'. Esto se basa en la creencia de que a tu alrededor y dentro de ti está tu fuerza vital, una energía giratoria que hace girar las 7 ruedas de Chakra dentro de tu cuerpo. Si una de ellas gira demasiado rápido o demasiado lento, puedes provocar desequilibrios que deben abordarse para estar sano tanto espiritual como físicamente. *Vaya, vaya.... esto suena un poco familiar, ¿no?* Como puedes ver, estos sistemas tienen bastante en común. Como tal, incorporar puntos de Chakra a tu sanación de Reiki es una forma poderosa de mejorar tus técnicas actuales, al igual que un herrero al hace una aleación de dos metales que resulta ser más fuerte de cualquiera de los 2 metales por sí solo. ¿La hibridación del sistema es realmente más eficiente? Bueno, eso lo decides tu.

Simplemente te proporcionamos la caja de herramientas, lo que decidas usar y hacer con estas herramientas depende de ti. Ahora que hemos despertado tu curiosidad, nos gustaría darte una breve introducción a los puntos Chakra en este capítulo, seguido de otro capítulo con ejercicios para que puedas practicar la incorporación de los dos sistemas para ver si es de tu agrado. Ahora, los Chakras son básicamente 7 puntos de centros de energía, que comienzan en la base de la columna vertebral, subiendo directamente hasta la parte superior de la cabeza. Estos Chakras reciben energía de los canales del cuerpo llamados 'Nadis'. Ahora, mientras que Reiki tiene los meridianos, los Nadis son similares en función pero diferentes en número. Si bien hay 12 meridianos que has memorizado y usado a menudo por ahora, hay 72,000 Nadis. Antes de salir corriendo, no, no tenemos que memorizarlos. No necesitarás conocerlos para usar lo que estamos a punto de enseñarte. Solo tus conceptos básicos de Reiki, y la información sobre los puntos de Chakra que estamos a punto de proporcionar. Así que sin más preámbulos: **Puntos Chakra - Una cartilla básica** Antes de continuar, se debe tener en cuenta que vamos a simplificar el uso de Chakras en el marco de tu curación de Reiki. Hay 7 colores asociados con los 7 puntos de Chakra, que en realidad son los 7 colores del arco iris, y como esto no solo es más fácil de recordar, sino que es muy, muy práctico para efectos visuales en las meditaciones, vamos a utilizar los nombres de los colores como enfoque principal para tu manipulación de Chakras. Los nombres 'apropiados' se incluirán en la descripción de cada uno para que te eduques en el nombre Sánscrito, y los nombres más comunes de los Chakras, pero para lo que estamos haciendo, el enfoque del color es igual de efectivo y mucho más fácil de recordar. Recuerda, esta es una guía para comenzar. Si decides que deseas obtener más información sobre la integración de Chakras y Reiki en una fecha posterior, hay mucho material de referencia para explorar. Estamos aquí para ayudarte a comenzar. Ahora, aquí están los 7 Chakras para que puedas familiarizarse con ellos antes de iniciar las aplicaciones prácticas en el próximo capítulo. **Los 7 puntos de Chakra y sus aplicaciones curativas**

Muladhara en Sánscrito significa 'Raíz' o 'Soporte', y como tal también se le conoce como el Chakra de la Raíz. Ubicado en la base de la columna vertebral, este Chakra Rojo gobierna tus instintos de supervivencia. Luchar o huir, autoconservación ... Es el centro soberano de supervivencia. Como resultado de esta influencia, el Chakra Rojo también afecta tu dependencia de las posesiones materiales para sentirte seguro y realizado en casa. Sexualmente, gobierna el impulso de procreación en la forma en que se relaciona con la sensación de seguridad en el hogar y la familia. **Asociaciones curativas**

- Su espalda baja
- Tus piernas
- Tus caderas
- Tu cóccix
- Tus órganos sexuales (si eres hombre)

Comúnmente conocido como el Chakra Sacro, el nombre de este Chakra en Sánscrito se traduce como 'Dulzura'. Entonces, ¿cuál es su propósito y dónde está? Ubicado debajo del ombligo, el Chakra Naranja es bastante importante en cómo interactuamos en la vida. El Chakra Naranja rige cómo procesamos las experiencias en la vida, y cómo nos conectamos con los demás. Básicamente, la salud de este Chakra determina cómo lidiamos con el triunfo y la tragedia, y nuestro propio sentido de identidad. Desde otro aspecto emocional, un Chakra Naranja saludable nos permite utilizar nuestra fuerza interior para nosotros mismos y para los demás. Piensa en ello como una especie de 'estación de radio del yo' en este aspecto, si el Chakra está sano, entonces tu y otros pueden escuchar tu música y tus anuncios en voz alta y orgullosa, mientras que un bloqueo hace que la señal sea áspera y difícil de entender por completo. Asociaciones curativas

- Tu intestino grueso
- Tu colon
- Tu vejiga
- Tus órganos sexuales (si son mujeres)

3. Chakra amarillo - Manipura - Chakra del plexo solar

Es un nombre Sánscrito que se traduce como 'Gema brillante', el Chakra Amarillo se encuentra en el estómago. Mientras que el Chakra Naranja transmite tu auto-poder como una estación de radio, el Chakra Amarillo es el asiento real de dicho poder. Este Chakra está fuertemente vinculado a tu vida personal y profesional. En el área personal de tu vida, es tu capacidad de comprenderte a ti mismo como realmente eres. Un Chakra Amarillo bloqueado puede llevar a un autoengaño, por lo que debes lidiar con los bloqueos rápidamente si sospechas que podría haber uno. Desde un nivel personal y profesional, el Chakra Amarillo determina cuánto puedes comunicar quién eres tu al mundo en general. También refleja tus habilidades y destrezas personales. Las meditaciones de este Chakra pueden ser bastante útiles al adquirir nuevas habilidades, así que asegúrate de prestar atención a tu salud. **Asociaciones curativas**

- Tu vesícula biliar
- Tu estomago
- Tus riñones
- Tu hígado

- Tu páncreas

4. Chakra Verde - Anahata - Chakra del Corazón

La traducción en Sánscrito para el Chakra Verde se ajusta a su denominación del 'Corazón'. Su nombre se traduce como 'ileso, no golpeado e invicto'. Ubicado en el centro del cofre, el Chakra Verde gobierna cuánto podemos amarnos a nosotros mismos y a los demás. Como tal, como el Chakra Naranja, puede determinar cómo procesamos nuestra experiencia y las lecciones de la vida. Después de todo, preguntas como '¿Me amo a mí mismo' y '¿Me aman los demás?' tienen un profundo efecto sobre si tomamos una caída como una lección o un castigo. **Asociaciones curativas**

- Tu corazón (por supuesto)

- Tus senos
- Tus pulmones
- Tus brazos
- La parte superior de la espalda

5. Chakra Azul - Vishuddha - Chakra de la Garganta

En Sánscrito, 'Vishuddha' significa 'Purificación', y en aspectos de gobernanza, el Chakra Azul rige la comunicación con uno mismo y con los demás, pero de una manera muy particular. Quédate con nosotros en esto. El Chakra Azul gobierna otro aspecto muy importante de la vida, tu creatividad. Los poetas, escritores y artistas del mundo requieren que el Chakra Azul permanezca desbloqueado, ya que afecta directamente su capacidad de tomar un concepto o abstracción, y convertirlo en algo sólido que el mundo pueda comprender y disfrutar. Este Chakra está ubicado en la base de tu garganta. **Asociaciones curativas**

- Tu boca
- Tus orejas
- La tiroides
- Tu laringe
- Tu garganta
- Tu cuello

6. Chakra Índigo - Ajna - Chakra del tercer ojo

Si bien el nombre común, 'Chakra del tercer ojo' te hace pensar que esto es solo para la percepción espiritual, el nombre Sánscrito es mucho más preciso al describir su función. Traducido como 'Percibir', el Chakra Índigo gobierna la conciencia espiritual, sí, pero también gobierna tu capacidad de pensar lógicamente, de percibir lo que es real de una manera objetiva. El Chakra Índigo te permite tomar problemas o percepciones inmediatas, y luego tomar una decisión consciente de "retroceder" y ver las cosas desde la perspectiva de un ave. Interpretando la imagen más grande, si quieres. El Chakra Índigo, por supuesto, se encuentra justo por encima de los ojos en el centro de la frente. **Asociaciones curativas**

- Tu glándula pineal
- Tus ganglios linfáticos
- Tu cerebro
- Tus senos nasales
- Tus ojos
- Tu sistema endocrino.

7. Chakra Violeta - Sahasrara – Chakra Corona

"Mil veces" es su nombre en Sánscrito, el Chakra Violeta es el asiento de tu poder espiritual. Ubicado en la parte superior de tu cabeza, este Chakra gobierna la conexión con todas las cosas espirituales, así como la conciencia de tus conexiones con el universo. La previsión también se ve afectada por el Chakra Violeta, ya que conocer tu lugar en el panorama grande te brinda una mayor posibilidad de predecir con precisión, o conocer tu futuro. **Asociaciones curativas**

- Tus articulaciones
- Tu columna vertebral
- Tus vértebras cervicales.

Ahora que hemos aprendido algunos conceptos básicos sobre el sistema Chakra, continuemos con algunos ejercicios a los que podremos incorporar con tu conjunto actual de habilidades Reiki. Los resultados del emparejamiento de dos sistemas potentes pueden ser extraordinarios, como pronto descubrirás. Entonces, cuando estés listo, continuemos a nuestro próximo capítulo, 'Incorporando puntos Chakra a la curación de Reiki'.

INCORPORANDO PUNTOS CHAKRA A LA CURACIÓN DE REIKI

Ahora que has tenido algunos conocimientos básicos sobre los puntos de Chakra, es hora de poner esa información en práctica. Como ejercicio, intenta cada uno primero de la forma en que están listados actualmente, y luego intenta agregar prácticas Meridianas ya aprendidas. Ve lo que es más eficaz para ti. Una vez que hayamos completado esto, seguiremos aprendiendo un poco sobre otra energía compatible llamada 'Kundalini', que puede ayudar a potenciar tus curaciones, y viene con la ventaja adicional de aumentar la conciencia. Todos estos son solo bloques de construcción que estamos apilando sobre la base de Reiki que ya has construido. Herramientas adicionales a tu caja de herramientas. Sigamos con las aplicaciones prácticas de la información Chakra que has aprendido y podemos partir desde ahí. **Meditaciones curativas de Chakra y Reiki** Aquí está tu lista de meditaciones. Sobre todo, asegúrate de practicar lo aprendido aquí para poder incorporar dicha información a tu caja de herramientas de curación. Esto será un poco diferente de lo que estás acostumbrado. Comencemos. **Meditación curativa de Chakra Rojo y Reiki**

Partes del cuerpo afectadas:

- Tu espalda baja
- Tus piernas
- Tus caderas
- Tu cóccix
- Tus órganos sexuales (si eres hombre)

1. *Busca un lugar cómodo para acostarte o sentarse. Quizá estés aquí por un tiempo, así que asegúrate de que sea un lugar cómodo, sin distracciones. Extrae energía de tu Pericardio cuando estés listo.*
2. *Coloque la mano, la palma abierta, los dedos extendidos justo sobre tu punto de Chakra Rojo (la base de la columna vertebral). Puede estar frente o detrás de ti, pero el frente es más fácil para tu comodidad.*
3. *Cierra los ojos y comienza tus ejercicios de*

respiración, como se discutió en nuestro capítulo de meditación Reiki.

4. *Una vez relajado, despeja tu mente y comienza a enfocarte en visualizar el Chi alrededor de tu cuerpo. Velo como una luz blanca que te rodea e impregna.*
5. *Comienza a enfocar esta energía en tu Chakra Rojo, la cual verás como una esfera roja brillante. Di su nombre Sánscrito, 'Muladhara'. Cuando digas el nombre, ve la energía que fluye en pulsos, como la electricidad chispeante. Con cada recitación, ve el Chakra brillando con un rojo cada vez más brillante.*
6. *Cuando la luz esté al máximo, mira el Chi con tu Chakra Rojo, ve cómo se integran en armonía. Contempla esto por un momento y estamos listos para continuar.*
7. *Comience a recitar 'Salud a mi _____' para cada parte del cuerpo asociada.*

Ejemplo:

'Salud a mi espalda baja' 'Salud a mis piernas'. 8. Con cada recitación, observa la energía Chi que fluye de ti hacia el Chakra, que a su vez se ilumina y envía energía a la parte del cuerpo en la que estás enfocado. 9. Cuando hayas completado todas las partes del cuerpo, disminuye *la respiración, y abre los ojos.* Eso es. Tu primera meditación de Reiki y Chakra. Practica esto para familiarizarte mejor con la ubicación curativa asociada con el Chakra Rojo. Cuando te sientas cómodo, podemos continuar hacia el Chakra Naranja. **Meditación curativa del Chakra Naranja y Reiki**

Partes del cuerpo afectadas:

- Tu intestino grueso
- Tu colon
- Tu vejiga
- Tus órganos sexuales (si son mujeres) *Regrese a tu sitio cómodo, o busca uno nuevo.*

Ten en cuenta que la naturaleza también es buena para esto, siempre que tengas un lugar bonito donde no te molesten. Ten la libertad de hacerte un lugar dedicado o de mezclarlo un poco, lo que sea que te haga sentir más a gusto. Extrae energía de tu Pericardio cuando estés listo. Coloca la mano, la palma abierta y los dedos extendidos sobre el lugar justo debajo del ombligo. Esta es la ubicación de tu Chakra Naranja. Cierra los ojos y empieza a respirar, como lo hicimos en el ejercicio anterior. Una vez relajado, visualiza tu Chi brillando a tu alrededor. Enfoca esta energía en tu mano.

Ahora estaremos enfocando energía a tu Chakra Naranja, que verás como una esfera naranja brillante. Comienza las repeticiones de su nombre Sánscrito, 'Svadhishthana', y con cada repetición ve el Chi que fluye de tu mano hacia el Chakra Naranja, que responde con llamas de fuego anaranjado, hasta arder brillantemente. Ahora que tu Chi y tu Chakra Naranja están ardiendo y en armonía, tómate un momento de contemplación para ver si surgen ideas sobre cómo estas energías juegan juntas. Siempre es importante hacer una pausa en la contemplación, pues siempre hay cosas nuevas que aprender sobre las interacciones de estas energías. Comienza a recitar como antes, "Salud para mi _____" para cada parte del cuerpo asociada. Ve cómo la energía Chi se convierte en energía del Chakra Naranja, y dirige esa energía a cada parte del cuerpo. Visualízalas lo mejor que puedas. En meditaciones muy poderosas, a veces sentirás un hormigueo o calor. No te preocupes, esto es normal. Cuando hayas terminado con todas las partes del cuerpo asociadas, relaja tu respiración y abre los ojos. Recuerda, la práctica hace al maestro, y aprender las asociaciones de Chakra con la sanación es nuestro objetivo, así que memoriza, pero sobre todo, practica estas meditaciones. **Chakra Amarillo y meditación curativa Reiki**

Partes del cuerpo afectadas:

- Tu vesícula biliar
- Tu estomago
- Tus riñones
- Tu hígado
- Tu páncreas *Encuentra tu lugar de meditación favorito y ponte cómodo.*

Si lo deseas, agrega música a tus meditaciones, a veces es útil para meditaciones más profundas y completas. Solo nada que distraiga demasiado, queremos que el enfoque esté dentro, y no fuera. Coloca la mano, la palma abierta y los dedos extendidos sobre tu Chakra Amarillo, que está convenientemente ubicado en tu estómago. Cierra los ojos y comienza la respiración medida de tus meditaciones. Asegúrate de estar bien y relajado para obtener los mejores resultados, no queremos ninguna distracción que venga de una mente estresada y agitada. Deja que tu conciencia se extienda lentamente desde tu centro hasta que abarque unos pocos pies fuera del cuerpo. Ve tu Chi, luz blanca resplandeciente y misteriosa, en unión contigo, y a la vez con el universo entero. Adecuadamente humillados, y también empoderados, enviemos algo de esta energía al Chakra Amarillo. Velo como una esfera amarilla brillante, como una esfera perfecta de Citrino claro lleno de su propia luz interior. Comienza a repetir su nombre Sánscrito, 'Manipura'. En cada repetición, ve la luz blanca Chi que se vierte en la esfera que se está llenando de luz dorada, como si fuera agua. Una vez que esté lleno, mírala brillar como cristal. Tómate un momento para contemplar la belleza de esta interacción de energías. Medita en que el Chakra Amarillo es el Chi, y el Chi es el Chakra. Es un reflejo de la unidad con uno mismo, y la energía Chi del Universo que te rodea. Recita "Salud para mi _____" para cada parte del cuerpo asociada. Al recitar esto, ve la luz venir de tu Chakra Amarillo, como si estuviera enfocado por una lupa, como el "agua" de poder Chi con el que lo llenaste le ha permitido al Chakra un enfoque más elevado. Siente un calor curativo mientras toca cada parte del cuerpo. Una vez que hayas completado esto, relaja tu respiración y abre los ojos. Ya terminaste. Trabajar, dormir, enjuagar y repetir. Descubrirás que aprendes estas meditaciones bastante rápido, solo asegúrate de tener un tiempo en tu agenda, o mejor aún, practica una vez al día antes de ir a trabajar.

Chakra Verde y meditación curativa Reiki

Partes del cuerpo afectadas:

- Tu corazón
- Tus senos
- Tus pulmones

- Tus brazos
- La parte superior de la espalda *Acurrúcate en tu santuario de meditación, cómodo y listo para este trabajo.*

Coloca la mano, la palma abierta y los dedos extendidos sobre tu Chakra Verde, que se encuentra en el área central del pecho. Cierra los ojos y relájate. Comienza tus ejercicios de respiración. Abre tu conciencia y ve el Chi fluir alrededor y dentro de ti. Disfruta por un momento de la energía de la vida de todas las cosas del Universo. Recolecta la energía que te rodea y concéntrate en tu mano mientras visualizas el orbe verde del Chakra dentro de ti. Di su nombre, 'Anahata', repitiéndolo como un canto a medida que tu Chi fluye hacia el Chakra que, a su vez, se llena orgánicamente como si las plantas de energía crecieran hacia arriba y se entrelazaran hasta unirse como un todo brillante. Observa tus contemplaciones propias como siempre. Así como te relacionas con el mundo con diferentes aspectos, cada Chakra se relaciona con tu Chi a su manera. Observa, aprende, y escucha el silencio hacia una o dos verdades. No hay prisa. Recita "Salud para mi _____" para cada parte del cuerpo asociada. En cada recitación, ve tu Chi potenciando el Chakra Verde que a su vez alcanza las vides de energía verde, envolviendo el foco de cada recitación en calor curativo, implicando crecimiento y regeneración. Una vez que hayas abordado cada una de las partes del cuerpo que hemos listado para el Chakra Verde, relaja tu respiración y vuelve a abrir los ojos. Tu Chakra Verde ahora está habilitado y la sanación está lista. Aprovecha y pasa tiempo con alguien querido, te sentirás mejor capacitado para sentir y comunicar. Haz un intento.

Chakra Azul y meditación curativa Reiki

Partes del cuerpo afectadas:

- Tu boca
- Tus orejas
- La tiroides
- Tu laringe
- Tu garganta
- Tu cuello *Encuentra tu rincón de meditación y siéntate cómodamente.*

Coloca la mano, la palma abierta y los dedos extendidos sobre tu punto de Chakra Azul. Este se encuentra en la base de la garganta. Cierra los ojos y comienza tus ejercicios de respiración. A medida que te relajes más y más, comienza a ver cómo fluye tu Chi a tu alrededor. Si no parece lo suficientemente brillante a tu alrededor, no dudes en alejarte del Universo para iluminarlo. Eres uno con el Universo, así que solo te estás prestando a ti mismo. Visualiza una esfera azul brillante debajo de tu mano. Di el nombre propio del Chakra Azul, 'Vishuddha', y comienza a repetirlo como un canto. Ve tu energía Chi rodear y llenar la esfera con luz azul, comenzando desde los bordes y circulando lentamente a medida que llena el centro vacío. Observa la interacción de las energías ahora que tanto tu Chi como tu Chakra Azul están enfocados. ¿Notas algo especial en cómo interactúan? Considerar llevar un registro de información para esos momentos de iluminación que deseas conservar. Recita "Salud para mi _____" para cada parte del cuerpo asociada. En cada repetición de 'Vishuddha', observa tu energía Chi potenciando la esfera azul y bañando la parte del cuerpo en donde te estás enfocando con luz de zafiro. Siente un hormigueo como de un viento frío en cada uno, como si cada uno se hubiera vuelto saludable y antiséptico. Una vez que hayas abordado cada parte del cuerpo, deja que tu respiración se relaje y abre los ojos. No olvides practicar esto a menudo. Puede que te encuentres especialmente creativo después de este ejercicio, escribe un poco, un poco de arte .... aprovecha.

Meditación curativa Indigo Chakra y Reiki

Partes del cuerpo afectadas:

- Tu glándula pineal
- Tus ganglios linfáticos
- Tu cerebro
- Tus senos nasales
- Tus ojos
- Tu sistema endocrino. *Conoces la rutina.*

Ponte cómodo y receptivo para un trabajo profundo. Ahora vamos a aprender una curación Reiki que incorpora el Chakra Índigo. Continuemos. Coloca la mano, la palma abierta y los dedos extendidos sobre tu Chakra Índigo, que se encuentra en tu frente, justo arriba y entre tus ojos. Cierra los ojos y comienza tus ejercicios de respiración. Asegúrate de estar bastante relajado antes de continuar. Visualice una esfera Índigo justo debajo de tu mano abriéndose ligeramente, como un ojo somnoliento mientras tu Chi llena tu visión, a tu alrededor y más brillante de a como lo has visto anteriormente. Tómate un momento para contemplar esto. El desarrollo del Chakra Índigo puede hacerte más sensible a las energías. Di el nombre de este Chakra, 'Ajna', y comienza a repetirlo en un canto. Vea la luz de tu Chi ardiente que fluye de tu mano hacia el ojo. Observa cómo el ojo Índigo volverse en un tono más profundo de índigo con cada infusión de Chi, abriéndose más hasta que sientas una conciencia más profunda inundarse dentro de ti. Definitivamente tómate un momento para contemplar esta vez. Mira las energías a tu alrededor y dentro de ti. En este momento, es probable que seas más perceptivo espiritualmente de lo que has sido antes, por lo que es mejor aprovecharlo. Recita "Salud para mi _____" para cada parte del cuerpo asociada. En cada recitación, observa la energía Chi fluir de tu mano y dirigiendo el ojo para mirar la parte del cuerpo donde deseas que se enfoque. Ve la mirada como un reflector índigo y cada parte del cuerpo se vuelve claramente más nítida en perspectiva y más saludable en cada mirada puesta sobre ellos. 9. Una vez que cada parte del cuerpo haya recibido energías curativas de tu Chi, que fortalece el Chakra Índigo, relaja tu respiración y abre tus ojos físicos. Este trabajo puede producir sueños extraños o intuiciones de vez en cuando. Desde los aspectos lógicos de este Chakra, también puedes volverte mejor organizado. No te preocupes, esto es normal, disfruta.

Violet Chakra y meditación curativa Reiki

Partes del cuerpo afectadas:

- Tus articulaciones
- Tu columna vertebral
- Tus vértebras cervicales

Preparémonos yendo a nuestra zona de meditación. Pon tu música de meditación favorita si quieres, y prepárate para hacer una curación de Reiki con el Chakra Violeta. Coloca tu mano, la palma abierta y los dedos extendidos sobre tu punto Violeta Chakra. Este se encuentra en la parte superior de tu cabeza. Cierra los ojos, comienza tus ejercicios de respiración y relájate. Haz conciencia de tu Chi a tu alrededor, rodeándote y fluyendo a través de tu cuerpo a través de los Meridianos y los Chakras. Ve el Chakra en la parte superior de tu cabeza, una esfera violeta que brilla intensamente. Dirígete a el por su nombre, 'Sahasrara' y comienza a repetir el nombre lentamente. Mientras repites el nombre, ve tu energía Chi fluir hacia la esfera Violeta, llenándola con una chisporroteante niebla de energía que se funde lentamente en un brillo púrpura. Disfruta tu momento de contemplación y reflexiona sobre cómo el Chi a tu alrededor y dentro de ti interactúa con el asiento de tu conciencia espiritual. Recita "Salud para mi _____" para cada parte del cuerpo asociada. En cada recitación, ve la esfera Violeta cada vez más brillante, con los contornos de un rostro que a veces aparece desde adentro. Tu rostro. Ve la esfera, dirigida por Chi y tu espíritu, dirigiendo la energía violeta a cada parte del cuerpo a donde deseas enviar rejuvenecimiento y sanidad. Una vez que hayas terminado con cada parte del cuerpo para este Chakra, relájate y abre los ojos. Ya terminaste. Esto completa nuestras curaciones de ejemplo para que practiques un poco más el uso de Reiki en conjunto con tus puntos Chakra. Como hemos mencionado, practica, practica, practica. Te sorprenderás de los beneficios que puedes obtener ante esta comprensión de las energías del cuerpo, así que continúa con tus estudios y absorbe dicha sabiduría. Estarás feliz de haberlo hecho.

REIKI Y KUNDALINI: ¿SON COMPATIBLES?

Alrededor de los años 500 a 1500 a.C., un texto hindú llamado Upanishads menciona un camino de iluminación espiritual conocido como Kundalini. La raíz de su nombre Sánscrito, 'kundalin', se traduce como 'circular', que refleja la visualización de la energía. La energía Kundalini es energía espiritual que reside en la base de tu columna vertebral en el Chakra Rojo, envuelta alrededor de la columna vertebral como una serpiente. Como tal, a menudo se lo conoce como 'El poder de la Serpiente'. ¿Suena familiar? En la leyenda griega, había una vara sanadora conocida como la Vara de Asclepio. Sin embargo, el Caduceo, de diseño similar pero con dos serpientes, es con el que probablemente estés más familiarizado, debido a su eminencia como símbolo de curación adoptado por las organizaciones de salud en América del Norte. *Es interesante que tales símbolos de poder sean transculturales.* Se dice que el poder de la Serpiente se eleva desde el Chakra Rojo y se extiende hasta el Chakra Púrpura cuando se ha logrado un despertar espiritual (y este es un buen momento para recordarte que Mikao Usui tuvo un despertar espiritual), pensarías que esta energía tiene muy poco que ver con Reiki, que es principalmente un sistema de curación. En realidad, hay bastantes áreas donde la práctica del Kundalini no solo puede ser relevante, sino que puede fortalecer los esfuerzos de sanación particulares, y brindan otra herramienta útil en la caja de herramientas de los aspirantes a ser sanadores Reiki. Por el bien de los argumentos, aquí hay algunos puntos en los que Reiki y Kundalini coinciden: Reiki implica poner las manos sobre ciertos puntos para equilibrar el Chi. Las Chakras, un sistema que discutimos antes es similar, donde la salud depende de la distribución de 'Prana', o energía vital. El Kundalini incorpora Chakras fuertemente en su sistema.

- Reiki requiere que desbloquees los

meridianos para que Chi pueda fluir. Para el despertar espiritual, Kundalini requiere que Sushumna, el canal central, así como varios Chakras se desbloqueen antes de que pueda aumentar.
- Ambos enseñan principios de dejar ir el odio, la compasión y la gratitud.
- Ambas disciplinas poseen métodos poderosos para curar el cuerpo y la mente.

Estos son solo algunos, por supuesto. Lo que más nos importa es el aspecto sanador. Los médicos no rechazan el equipo nuevo solo porque no están familiarizados con él, si pueden mejorar la capacidad de sanar. En el próximo capítulo vamos a presentar algunos ejercicios que puedes probar para determinar si el Kundalini tiene un lugar en tu propio estilo de Reiki o no. Debes estar advertido. Como el Kundalini también está orientado al despertar espiritual, si comienzas a tener dolores de cabeza o sueños extraños, no te preocupe, estas son solo algunos indicios que podrías estar en un despertar espiritual. Si esto ocurre, pase un poco más de tiempo con tus ejercicios de Chakra, e incluso haz un poco de investigación sobre el Kundalini para ayudarte a progresar. Después de todo, aunque la sanación es nuestro objetivo principal, un poco de iluminación nunca está de más. Sigamos con el próximo capítulo, e iniciemos nuestros ejercicios.

USO DE REIKI EN CONJUNTO CON EL KUNDALINI

Ahora que te hemos dado una pequeña base sobre los conceptos y la historia del Kundalini, es hora de incorporar algo de entrenamiento con un medio Kundalini popular. Mantras. Las mantras son palabras sagradas que se usan para varias razones ... protección, iluminación, o en este caso, sanación. Hemos reunido una colección de Mantras que puedes incorporar a tu marco de Reiki. Algunos de ellos requerirán un poco de práctica, pero estamos seguros de que estarás satisfecho con los resultados. ¿Y cuál es el siguiente paso? Encuentra una Mantra, elige cualquiera que te atraiga personalmente, o simplemente revisa la lista. Si has estado llevando un registro de progreso y contemplación, asegúrate de anotarlo conforme avanzas. Puedes estar más cerca de una experiencia profunda en este momento de lo que crees, así que si lo tienes, ten a la mano el registro. Extrae un poco de energía Chi en exceso de tu Pericardio y comencemos. **Ejercicios de integración Reiki y Mantra**

1. Mantra: **'Chattar Chakkar Varti'**

Este es un Mantra que puedes usar en conjunto con el Reiki para la ansiedad. Toca tu mano, y siente en la piel la energía curativa de Reiki que fluye dentro de ti mientras recitas este Mantra (o dilo en silencio si estás en un lugar público). Ve la energía curativa que permite que tu Chi crezca más brillante, a medida que la luz se ramifica desde el Chi, hacia el cuerpo, hasta el Chakra del Plexo Solar. De esta manera, has empleado aspectos de los Puntos Chakra y Kundalini para complementar las poderosas energías curativas de Reiki. Tu miedo pronto será desterrado.

2. Mantra: **'Sa Re Sa Sa'**

Este Mantra se puede usar para eliminar la negatividad al mismo tiempo que estimulas tu creatividad. Necesitarás un cuaderno y un bolígrafo (no es realmente indispensable, pero es útil para este ejercicio). Este Mantra se asocia con tu Chakra de la Garganta, así que para esta sanación de Reiki, toca tu garganta mientras recitas cada palabra del canto, y ve la luz blanca de tu Chi brillando en cada toque de tu dedo, y tu Chakra de la Garganta brillando en su propio destello azul. Cuando la luz de tu Chi y tu Chakra de la Garganta no se iluminen más, deja de dar golpecitos, y escribe lo primero que se te ocurra. Esta será tu inspiración para una gran obra de arte o escrito, así que asegúrate de guardar el cuaderno en un lugar seguro donde puedas consultar dichos resultados según sea necesario.

3. Mantra: **'Ra Ma Da Sa Sa Say Sohung'**

Este Mantra fortalece el cuerpo y la mente, estimulándolos desde adentro a medida que la luz blanca de tu Chi se ilumina y se expande en armonía con este trabajo. Se usa mejor por la mañana (pero puedes hacerlo cuando lo desees), para usarlo, primero coloca la mano, los dedos extendidos y toca tu frente. Concéntrate en repetir el Mantra, y en cada repetición, ve la luz que se extiende desde tu frente y hacia abajo, a medida que ilumina todo tu Chi. A medida que la luz baja por tu cuerpo, visualiza una espiral de energía, tu Kundalini, en la base de la columna vertebral que se desenrolla lentamente a medida que se eleva hacia el Chakra de la Corona, en la parte superior de la cabeza. Repite hasta que tu Chi deje de brillar, y luego continúa tu día con confianza, con tus factores de sanación estimulados.

4. Mantra: **'Hum Dum Har Har'**

Este es un Mantra muy poderoso que puede enfocar la curación de varias maneras. Se traduce aproximadamente en 'Somos todo, el universo y el Infinito Creativo'. Fomenta la tranquilidad hacia un descanso profundo y sanador, así como estimula los puntos de la Corona, el Tercer Ojo, y el Chakra Sacro. Esto permite una curación más centrada. Las áreas de curación asociadas con estos Chakras son las siguientes: *Chakra de la Corona*

Dolores de cabeza por migraña, trastorno bipolar, problemas de tiroides, falta de inspiración. *Chakra del Tercer Ojo*

Dolor ocular, insomnio, dolores de cabeza crónicos, pérdida de interés en el futuro. *Chakra Sacro*

Vejiga, dolor de espalda, quistes ováricos, problemas renales, falta de deseo sexual. Como puedes ver, hay una serie de problemas que pueden abordarse. Para esta curación, mantén la mano abierta, los dedos extendidos, y muévela lentamente desde el Chakra de la Corona, hasta el Tercer Ojo, y luego hacia el

Chakra Sacro mientras recitas el Mantra. Visualiza la luz que se extiende desde tu mano, y tu energía Chi se vuelve más brillante a medida que cada uno de los tres Chakras se ilumina en su color particular. Violeta para el Chakra de la Corona, Índigo para tu Chakra del Tercer Ojo, y Naranja para tu Chakra Sacro. A medida que tu Chi arda, mueve tu mano al área específica del Chakra que gustaría sanar. Observa que la luz también brilla, tu Chi es un círculo de luz blanca brillante con la luz del Chakra en el centro, trabajando en armonía. Cuando te sientas concentrado y centrado en estas energías (y lo sabrás), visualiza el área específica del cuerpo que estás trabajando en sanar. Ve las energías de tu Chi y Chakra golpear el área como un rayo cálido y curativo. Una vez que puedas visualizar esto y sentir que hace calor, disfrútalo hasta sentirte listo, luego relaja tu respiración y abre los ojos.

5. Mantra: '**Wahe Guru**'

La traducción más próxima es "El éxtasis de la sabiduría divina que no puede describirse", este Mantra puede usarse para levantar el espíritu, fortalecer el Chi, y aumentar la velocidad a la que aprendes a manipular las energías. Es un Mantra de autotransformación, y como tal, puede ser de los Mantras más sanadores de todos. Para usarlo, coloca tu mano sobre tu cara y observa cómo tu energía Chi se forma brillante a tu alrededor, formando una flecha apuntando hacia el norte que se vuelve más nítida en cada repetición del Mantra. Siente cómo tu mente se agudiza y se enfoca, y piensa en tu objetivo, tus energías estarán más alineadas para lograrlo.

6. Mantra: **'Ek ong kar sat nam siri wha hay guru'**

Este mantra se conoce como el 'Adi Shakti'. Se traduce aproximadamente como "En el éxtasis y la dicha de la Sabiduría, el Creador y la Creación son uno". Se asocia con el Chakra del Plexo Solar y, como tal, usarlo con Reiki puede ayudar a enfocar una curación energética en las áreas asociadas, como la vesícula biliar, el estómago, el hígado y el páncreas. Para usar este Mantra en una sanación Reiki, mantén tu mano, palma abierta y dedos extendidos, sobre tu Chakra del Plexo Solar. Comienza a recitar el Mantra mientras visualizas una luz blanca ondulante en tu Chi, con el Punto Chakra brillando en un tono amarillo más y más brillante en una esfera sólida. Visualiza también el área que deseas sanar (busca en Google la imagen de una versión saludable del órgano al que deseas enviar energía curativa como auxiliar en tus visiones). Mueve tu mano desde el Chakra del Plexo Solar hacia el área afectada, y observa una síntesis de la energía Chi Blanca y el Chakra Amarillo moviéndose hacia el área. Siente un calor creciente en el área, que no es desagradable, solo relajante, y sigue con la visión y el canto por unos minutos hasta sentir que la energía curativa está en su lugar. Abre los ojos y listo.

7. Mantra: **'Har Har Har Har Gobinday'**

Este es un Mantra curativo para la Mente, específicamente para los resultados negativos que pudieran ocurrir ante la contemplación excesiva de un pasado tormentoso. Si bien es bueno aprender del pasado, vivir allí puede hacer que tropieces y vaciles en tu camino hacia un futuro más brillante. Usa este Mantra según sea necesario para ayudar a disipar la negatividad, para que ya no te impida avanzar. Se asocia con el Chakra Sacro que, entre otras cosas, afecta la forma en que interpretamos las diversas experiencias de la vida, ya sean afirmativas en la vida, como el nacimiento de un niño, o heridas profundas, como la muerte de alguien querido. Para usar esto en una curación de Reiki, manten la mano, la palma abierta y los dedos extendidos, sobre el Chakra Sacro. Esto está justo debajo del ombligo. Visualiza tu energía Chi brillando a tu alrededor como una luz blanca brillante, y tu Chakra Sacro respondiendo ante su luz naranja profunda. Mientras recitas el Mantra, observa un reloj de arena dentro de la luz del Chakra, lleno de arena en el fondo. Deja que la luz blanca de tu energía Chi se extienda hacia adentro para forzarla, de modo que puedan entrar nuevos pasados a las arenas de los viejos. Siente cómo la vieja opresión te está soltando. Abre los ojos, confiado en que el Pasado ya no lo es todo, sino los pasos que tomamos para llegar a los que ahora damos.

8. Mantra: '**Har**'

Traducido como 'El infinito creativo', este Mantra puede utilizarse en la curación Reiki como un medio para reparar la inspiración dañada. ¿Estás pasando por un bloqueo del escritor, o teniendo problemas con un concepto de arte que estás desarrollando? Este mantra puede ayudar. Una de las funciones del Chakra de la Garganta, con la que se asocia este Mantra, es la expresión de la Creatividad. Para romper la presa y dejar que el río fluya, sigue los siguientes pasos. Primero, mantén tus dedos cerca de la garganta. Ve cómo se enciende tu energía Chi al iniciar el canto. La luz blanca te rodea y la dejarás fluir como el agua, bajando desde el Chakra de la

Corona en la parte superior de tu cabeza, pasando el Chakra del Tercer Ojo, ubicado arriba y entre las cejas, y finalmente hasta el Chakra de la Garganta que brillará de un tono azul intenso. Imagina que hay un impedimento, una pequeña pared que impide que el Chi fluya hacia el Chakra de la Raíz. Ahora visualiza la energía abriendo paso violentamente, rompiendo el bloqueo y viajando hacia abajo a través de tus Chakras inferiores. Con el bloqueo destruido, ve el poder de Chi viajar hacia abajo, como en un circuito eléctrico completo, hasta llegar al Chakra de la Raíz. Ahora viaja de regreso, encendiendo cada uno de los 7 Chakras en sus colores. Rojo, naranja, amarillo, verde, azul, índigo y violeta. A medida que la energía Chi viaja hacia arriba, también se mueve fuera del cuerpo al mismo tiempo, creando un nimbo de luz con 7 gemas Chakra en el centro. Disfruta del brillo y abre los ojos, es hora de expresar tu creatividad.

9. Mantra: **'Gobinde, Mukunde, Udare, Apare, Haring, Karing, Nirname, Akame'**

Este mantra se traduce como 'Sustentador, Libertador, Iluminador, Infinito, Destructor, Creador, Sin nombre, Sin deseo'. Atado al Chakra del Corazón, este Mantra puede ayudar al cerebro a funcionar disminuyendo las desarmonías. Esto se puede utilizar para evitar la ansiedad social, la paranoia, las falsas sospechas de parte tuya, o la incapacidad de interpretar las respuestas emocionales debido a la falta de armonía en el corazón y la mente. También se puede usar en conjunto con tu régimen médico actual ante irregularidades en los latidos del corazón, como la taquicardia. Para usar este Mantra con el Reiki, sostén tu mano justo sobre el Chakra del Corazón (tu cofre central) y visualiza una luz verde que crece orgánicamente para llenar la esfera de energía de tu Chakra del Corazón. Comienza tu canto del Mantra. Velo como si la luz estuviera pulsando, en sintonía con los latidos de tu corazón y las palabras individuales del Mantra. Luego, visualiza también tu energía Chi pulsando, sincronizada con tu Chakra del Corazón. Si hay un área particular en la que deseas fomentar la curación, visualízala a medida que ocurra cada destello. Vea cómo el destello va más rápido, fuera de sincronía con tu corazón, hasta que ambas luces del Chi y el Chakra del Corazón ahora sean una luz sólida, y la imagen del área que deseas sanar sea sólida, en el centro de ambas. Cuando te sientas empapado del calor curativo, puedes abrir los ojos, tus energías ahora están alineadas hacia esta curación.

10. Mantra: "**Om**"

'Om' es el sonido que los hindúes creen que fue el primer sonido escuchado en la creación del Universo. Este Mantra se puede usar para curar bloqueos del Chakra de la Garganta, y por ende, las áreas asociadas con dicho Chakra (cuello, boca, orejas, tiroides y laringe). Para usar este Mantra con Reiki, mantén tu mano cerca de la garganta, ahuecada, justo debajo de la barbilla. Mientras cantas el Mantra, observa cómo reverbera. Mírate rodeado de tu Chi y retira la visión para ver la misma energía que te rodea en todo. Observa cómo se enciende el Chakra de la Garganta mientras tu Chi se ilumina en sintonía con él. Continúa cantando y visualiza el bloqueo que se está rompiendo, o la parte del cuerpo que deseas sanar brillando en una combinación de ambas luces. Continúa sacando tu vista mientras cantas. Siente el Infinito a tu alrededor antes de "regresar" a tu cuerpo. Abre los ojos, la labor se ha realizado y puede repetirse según sea necesario.

11. Mantra: '**Prana, Apana, Sushumna, Hari. Hari Har, Hari Har, Hari Har, Hari** '

'Prana' es la palabra hindú para 'Energía vital', mientras que 'Sushumna' es el 'Canal central' a través del cual fluyen tus energías. Al igual que los Madianitas, en realidad, esa es una de las razones por las que estos sistemas funcionan bien juntos. Este poderoso Mantra puede usarse para acelerar la curación. Para usarlo en una sesión de Reiki, coloca tu mano justo en frente del centro de tu pecho, sin tocar pero casi tocando tu piel. Comienza a recitar el Mantra mientras visualizas tu energía Chi subiendo lentamente desde la base de tu columna vertebral hasta el área afectada. Vea el área brillar con luz Chi propia en armonía con el Chi que rodea tu cuerpo, así como el Chi en el Universo que lo rodea. Continúa el canto y el lento envío de energía hacia arriba hasta que sientas el cálido hormigueo que te permite saber que la energía va a donde debe ir. Ahora ya terminaste. Intenta esto varias veces a la semana para acelerar la sanación natural de tu cuerpo.

12. Mantra: **'Ong Sohung'**

La traducción más próxima es 'Yo soy la conciencia creativa'. Esta Mantra puede usarse junto con Reiki para la curación de áreas asociadas con el Chakra del Corazón (corazón, pecho, pulmones y parte superior de la espalda). Para su uso, sostén tu mano, palma abierta y dedos extendidos sobre tu Chakra del Corazón. Recita el Mantra en sintonía con el latido de tu corazón, una palabra por latido, mientras visualizas la energía Chi fluir a través de tu mano, y llenando tu Chakra del Corazón con energía, creando una gema verde brillante en el punto del Chakra. Ve la energía fluir desde ahí hacia el área afectada, infundiéndole luz y calor. Haz esto hasta que pareciera que ya no puedes contener energía, y luego relaja tu respiración y abre los ojos.

13. Mantra: "**Akal, Maha Kal**"

Con una traducción sombría de 'Inmortal, Gran muerte, esta Mantra puede usarse con la sanación Reiki para eliminar la ansiedad y el miedo. Mientras relajamos la mente de la ansiedad, coloca la mano, la palma abierta con los dedos extendidos sobre tu Chakra del Plexo Solar. Cuando digas la primera palabra sagrada, 'Akal', ve la luz blanca del Chi que fluye hacia tu Chakra del Plexo Solar, y al mencionar la segunda parte, 'Maha Kal' verás que el Chakra responde encendiéndose con fuego naranja. Siente el fuego ahuyentando tu ansiedad. Siente cómo quema el miedo. Repite el Mantra y sigue alimentando la energía Chi para potenciarlo, hasta que el fuego de la energía Chi y Chakra haya devorado todo o lo suficiente del miedo y puedas enfrentar las cosas con una mente tranquila.

14. Mantra: **'Ad Guray Nameh, Jugad Guray**

Nameh, Sat Guray Nameh, Siri Guru Devay Nameh'

La traducción más próxima, "Me inclino ante el maestro principal que nos lleva a las inspiraciones divinas, me inclino ante las sabidurías más antiguas, me inclino ante la sabiduría verdadera y oculta". Este poderoso Mantra puede usarse como medida preventiva ante personalidades tóxicas, o en defensa contra la ansiedad crónica. Para usar esto en una curación de Reiki (aunque en este caso, 'curación preventiva'), sostén la palma abierta, con los dedos extendidos sobre cada punto Chakra, desde la Raíz hasta la Corona. Visualiza tu Chi arder a tu alrededor, una esfera de luz blanca protectora, y comienza a recitar. Visualiza las energías de Chakra que se extienden a ambos lados a medida que potencia cada una, formando una red cristalina de todos sus colores asociados dentro del círculo. Puede tomar más de un canto de Mantra para potenciar cada Chakra, pero está bien, solo hazlo lentamente y recita tantas veces como sea necesario para crear la esfera protectora. Una vez que puedas verlo en todo su esplendor, abre los ojos y prosigue en tu día con confianza.

15. Mantra: 'Sat Narayan, Wha He Guru, Hari Narayan, Sat Nam'

Si bien no hay una traducción completa disponible, Hari Narayan es esencialmente "sustento de la creatividad", ya que "Narayan" representa la fluidez de la forma que posee el agua. Este Kundalini Mantra puede usarse en una curación de Reiki para fomentar la claridad de pensamiento, o para fomentar la curación. Para invocar esto, coloca la palma abierta en cada lado de la cabeza, tocando ligeramente la piel con los dedos. Comienza a recitar el Mantra y observa cómo tu energía Chi entra a tu cuerpo a través de tu cabeza, y fluye hacia la columna vertebral. Al llegar a la columna vertebral, vea cómo tu energía Kundalini se desenrolla desde la base de la columna vertebral como una serpiente, y se extiende lentamente hasta tu Chakra de la Corona. Cuando la energía se extienda por completo, deja que tanto tu Chi como tu poder de Serpentino se vuelvan más y más brillantes, hasta que su brillo sea difícil de ver. Permanece tranquilo y seguro en este resplandor, equilibrado y en armonía contigo mismo y con el Universo. Este Mantra también es muy bueno cuando acabas de sufrir una experiencia impactante o traumática, y deseas equilibrarte al equilibrar tus energías. Asegúrate de practicar tus Mantras. Pega recordatorios en el refrigerador o en post-its por toda la casa, o en tu escritorio. Hay varias maneras para ayudar a recordarte, el método número uno será practicar, practicar, practicar. Esperamos que hayas disfrutado de esta nueva adición a tu caja de herramientas. Hay más Mantras por descubrir para ti, en caso de que este capítulo haya despertado tu interés. Si bien los Mantras pueden servir para una amplia variedad de propósitos, queríamos brindarte los que mejor se adaptan a nuestro marco curativo. Después de todo, esto es 'Reiki para Principiantes. A continuación, añadiremos algunas herramientas más a tu conjunto de herramientas en un capítulo titulado 'Ejercicios misceláneos de Reiki'.

REIKI - CURACIÓN COMPLETA DE LOS 12 MERIDIANOS

Aquí hay una lista de ejercicios que pueden ayudarte a aprender los Meridianos. Tomamos 12 ejercicios y los convertimos en un ejercicio grande, para que puedas aprender y practicar los 12 meridianos para la curación de Reiki. Para obtener los mejores resultados, grábate a ti mismo hablando para que puedas reproducirlo con música y darte una meditación totalmente guiada, algo que puedas practicar para garantizar la memorización de los puntos medios adecuados. Una vez que hayas aprendido esto, el combinarlos con la curación Reiki tradicional significa que puedes hacer una curación que pareciera simple y elegante, pero que contiene suficiente visualización y comprensión del cuerpo humano en el fondo para que resulte eficaz. No esperes aprender esto de la noche a la mañana, tomará algo de tiempo y paciencia, pero estamos seguros de que estarás satisfecho con los resultados. Continuemos ahora con la sanación completa de Reiki, para que puedas aprender tus Meridianos, y partir desde allí.

Meridianos de Reiki Yin y Yang - Sanación completa

Esta es una curación completa de Reiki que puedes hacer como práctica, o como una forma de 'mantenimiento preventivo' para asegurar que todos tus Meridianos estén equilibrados. Grábate ti mismo leyéndola si quieres, y toca un poco de música mientras tu propia voz te guía a través de la curación, si quieres. Es una excelente manera de aprender mientras se fomenta la buena salud del cuerpo. * *Nota: en esta curación abarcaremos todos tus Meridianos Comienza tus ejercicios de respiración. Concéntrate al contar tus respiros hasta relajarte profunda y cómodamente. Coloca tu mano, con la palma de la mano abierta y los dedos ligeramente extendidos, y coloca la mano justo sobre tu corazón para que puedas acceder al pericardio. Atrae el enfoque de tu Chi. Velo brillar a tu alrededor, una luz blanca que te rodea y llena de alegría y calidez. Esta misma energía está en todos y en* *todo. Eres tú y es el Universo. Tómate un momento para disfrutar de su calor y luego continuaremos cuando estés listo.*

Ahora que está listo, extrae el exceso de energía Chi de tu Pericardio. Velo como una luz blanca, casi demasiado brillante como para mirar, fluyendo hacia tu mano, tomando la forma de una esfera. El primero de los emparejamientos de Yin y Yang que sanaremos son el Bazo y el Estómago. El Bazo es el Yin de esta pareja, el Estómago es el Yang.

Yin y Yang 1 –Los Meridianos del Bazo y el Estómago *Baja tu mano * hacia tu pie, colocándolo justo sobre el borde exterior del dedo gordo. Este es el comienzo de tu Meridiano del Bazo. Desde aquí, mueve tu palma hacia arriba por el interior de tus piernas, viendo cómo la bola de luz se hace cada vez más pequeña a medida que la línea del Meridiano se ilumina y energiza. Observa el meridiano brillando a medida que la esfera Chi pasa a través de él. Mueve la luz hacia arriba por la pierna y hasta el muslo, yendo más arriba hasta el abdomen. La bola de luz debe reducirse a al menos tres cuartos, el Meridian brillando intensamente donde ya lo tocaste con la luz. Lleva la luz hacia el exterior del pezón, y hasta la segunda costilla. El orbe de luz es más pequeño ahora, la mayor parte del meridiano brilla intensamente. Ahora,* *lleva la luz a la terminal del Meridiano, el sexto espacio entre tus costillas. Tómate un momento para contemplar todo el Meridiano de Bazo iluminado, y cuando estés listo, continuaremos. * Nota: Si ya estás familiarizado con todos los meridianos, no necesitas trazar la palma sobre el camino que toman las líneas, sino que puedes mantener tu mano en el Pericardio para extraer el exceso de Chi y visualizar la bola de energía viajando sobre las líneas Meridianas. Mueva tu mano hacia el Pericardio y extrae más exceso de Chi a tu mano. No te preocupes por quedarte sin ella ...el Chi está a tu alrededor, dentro de ti, y penetra en el universo y en todos los seres vivos. Cuando hayas reunido la energía en una bola blanca brillante, continuemos y sanaremos el meridiano del estómago. Mueve la mano y tu luz curativa de Chi hacia tu cara, moviéndola justo debajo del centro del ojo. Aquí es donde inicia el Meridiano de tu estómago. Mueve tu mano hacia el borde de la mandíbula, viendo la línea Meridiana brillando a medida que pasa la luz a través de ella. Mueve la palma abierta lentamente por la garganta, casi tocándola, pero no del todo, a medida que la esfera brillante alimenta al Meridiano, y se vuelve más pequeña lentamente, continuando hacia el abdomen, y más abajo a través de la parte delantera de tu pierna.*

Mueva la bola de luz, ahora solo una fracción de su tamaño anterior, hasta el pie donde la última luz se absorbe en el extremo del Meridiano, la uña del segundo dedo del pie. Tómate un momento para ver el Meridiano en su totalidad, brillando intensamente por el exceso de Chi que has empujado allí para desequilibrarlo y eliminar el bloqueo. Una vez que hayas contemplado el Meridiano del Estómago, podemos pasar al siguiente emparejamiento.

Mueve la mano, la palma abierta y los dedos ligeramente extendidos para que quede sobre tu pericardio. Reúne energía como antes de tu exceso de Chi, dispuesta en la forma de una bola de luz flotando debajo de tu palma. Ahora "rastrearemos" y sanaremos los próximos dos meridianos.

Yin y Yang 2 – Los Meridianos de los Pulmones y el Intestino Grueso *Ahora vamos a sanar el Yin de esta pareja, los Pulmones. Mueve tu mano cerca del hombro al primer espacio entre tus costillas. Esto se llama espacio intercostal, y es el punto de partida del meridiano pulmonar. Observa la línea meridiana brillando a medida que pasa el orbe sobre ella.*

Muévelo hacia el hombro, y hacia abajo por la parte delantera de tu brazo, la energía se transfiere lentamente desde la esfera de luz en tu palma a medida que el Meridiano se energiza, disminuyendo a nada mientras lo llevas al extremo de dicho Meridiano, la uña del pulgar Tómate un momento para admirar el meridiano del pulmón, brillando intensamente ante tus sentidos intensificados. Cuando estés listo, continuemos.

Mueve la mano hacia el Pericardio, y extrae más exceso de Chi a tu mano.

El Yang del emparejamiento es el meridiano del intestino grueso. Mueve tu palma abierta hacia tu mano opuesta al inicio de dicho Meridiano, la uña de tu dedo índice. Observa la línea que brilla mientras diriges la energía Chi en tu mano hacia ella, y lleva la luz por tu brazo, hasta la parte posterior del hombro, la bola de luz se vuelve más pequeña a medida que tu energía se gasta en equilibrar y desbloquear este Meridiano.

Desde la parte posterior de tu hombro, lleva tu mano hacia la cara, hasta el extremo de este Meridiano, tus fosas nasales. Tómate un momento para observar el rastro brillante que el Meridiano del intestino grueso recorre tu cuerpo, y memorízalo. Cuando estés listo para continuar, podemos avanzar al siguiente paso.

Mueve tu mano hacia tu Pericardio, y extrae más exceso de Chi en tu mano.

Yin y Yang 3 – Los Meridianos del Hígado y la Vesícula Biliar *El Yin de nuestro próximo emparejamiento es el Hígado. Mueve tu palma abierta hacia abajo* *hasta el pie, y hasta el dedo gordo. El meridiano comienza justo debajo de la uña. Observa cómo se ilumina con chisporroteante energía Chi blanca mientras llevas el orbe a su comienzo. Mueve el orbe en tu mano lentamente hacia arriba por el interior de la pierna, dirigiéndote al muslo.*

Observe cómo la energía disminuye, el orbe se reduce lentamente a medida que avanzas, el Meridian se vuelve más brilloso a medida que pasas. Desde el muslo, lleva la luz desde el exterior de tu abdomen hasta su terminal, el esternón. Admira el camino recién iluminado del Meridiano del Hígado por un momento para memorizarlo, y cuando estés listo, continuemos.

Mueve la mano hacia tu Pericardio, y atrae más exceso de luz Chi a tu mano.

El Yang de este emparejamiento es la vesícula biliar. Sanemos dicho Meridiano. Mueve la mano a tu rostro, hacia el punto de partida de dicho Meridiano, la esquina externa de tu ojo. Visualiza el inicio de la línea Meridiana encenderse hacia arriba mientras recibe la energía que estás depositando en ella y hará que el orbe Chi se vaya dentro de tu cabeza y hacia abajo, donde tu mano la recibirá en la parte delantera de tu hombro.

Desde aquí, pásalo a tu abdomen, observando cómo el orbe disminuye lentamente a medida que el Meridiano se vuelve más brillante donde ha sido tocado. Sigue moviendo tu mano hacia abajo, pero suelta el orbe para que entre dentro del abdomen, cuando baje más el Meridian en la parte inferior de tu abdomen. Lleva el orbe por el lado externo de la pierna hasta el pie y la terminal del meridiano: la uña o el cuarto dedo del pie. Tómate un momento de contemplación para memorizarlo, y luego seguiremos adelante hacia el próximo emparejamiento.

Mueve tu mano una vez más a tu Pericardio y recoge más energía Chi.

Yin y Yang 4 – Los Meridianos de los Riñones y la Vejiga *El Yin de este emparejamiento es el Meridiano de los Riñones. Mueve tu mano hacia la planta del pie donde inicia este Meridiano. Observa cómo el Meridiano cobra vida a medida que liberas parte de la energía Chi en él. Mueve el orbe Chi hacia arriba por el interior de tu pierna, observando que lentamente se hace más pequeño, y el Meridiano se ilumina.*

Desde el interior de tu pierna, mueve la luz hacia tu abdomen, y aun más hacia arriba, hasta el final de este meridiano: la clavícula. Tómate un momento para observar el meridiano iluminado y empoderado, y memoriza dicho trayecto, y después continuamos.

Recoge más energía Chi de tu Pericardio.

El Yang de esta pareja es tu Vejiga. Mueve tu esfera de Chi hacia tu rostro, hasta el inicio de este Meridiano: la esquina interna de tu ojo. Mueve la luz sobre la parte superior de tu cabeza, y baja a la espalda (si no es flexible, puedes visualizar el orbe moviéndose por tu espalda). Velo disminuir a medida que gasta energía lentamente, haciendo que el Meridiano crepite con energía a medida que lo mueves aún más, hacia la pierna. Riñones (Yin) y Vejiga (Yang) Vejiga: este meridiano comienza en la esquina interna de tu ojo, donde luego pasa por la parte superior de tu cabeza, bajando por la espalda y la pierna hasta terminar en la uña del dedo meñique (dedo más pequeño), absorbiendo el orbe por fin, y dejando un rastro brillante que es tu Meridiano de la Vejiga. Tómate un momento para apreciar esta línea de poder que tanto apreciaban los Antiguos. Comprométete a recordar lo que puedas, y continuemos con el próximo emparejamiento después de cargarlo. 20. Reúne una bola de energía curativa de tu Pericardio.

Yin y Yang 5 - El corazón y el intestino delgado 21.

El Yin de este emparejamiento es el Meridiano del Corazón. Comienza en la axila, así que mueve tu mano allí, y enciende el Meridiano con la energía Chi que has reunido en tu mano. Míralo brillar en respuesta y lleva la luz más lejos a lo largo del Meridiano, bajando por tu brazo interno y hacia tu mano, mientras la bola se reduce y alimenta rápidamente esta línea brillante, hasta que finalmente se gasta en la terminal: tu dedo más pequeño. Tómate un momento para admirar y memorizar este meridiano sencillo pero a la vez importante. 21. *Mueve tu mano sobre el Pericardio, con la palma abierta y los dedos extendidos ligeramente a medida que recolectas más exceso de Chi para el siguiente paso.* 22. *El Yang de este emparejamiento es tu Meridiano del Intestino Delgado. Para comenzar, mueve tu mano energizada a la mano opuesta, colocándola sobre el inicio de dicho Meridiano: tu dedo más pequeño. Observa el meridiano brillar mientras lo activas como un circuito con tu energía Chi. Mueve tu mano hacia el Meridiano, llevándolo a lo largo de la parte posterior del brazo, viendo cómo la energía disminuye lentamente mientras la llevas a tu hombro. Observa el orbe, que se hace más pequeño a medida que el Meridiano se vuelve más brillante mientras lo bajas por el hombro, luego hasta el cuello, finalmente moviéndolo a su terminal: tu oreja, donde se traga la última energía. Tómate un momento para memorizar el camino de este Meridiano, y luego estaremos listos para seguir con el último emparejamiento.* 23. *Mueve tu mano hacia el Pericardio, con la palma abierta y sostenida apenas por encima del punto. Extra del exceso de energía Chi, y conviértelo en una bola de luz blanca curativa.*

Yin y Yang 6 - El Pericardio y el Triple Calentador

24. El Pericardio es el Yin de este emparejamiento. Mueve tu mano hacia el exterior del pezón para tocar la luz Chi en esta ubicación, ya que es el inicio de este meridiano. Ve el meridiano respondiendo a la energía que le proporciona el orbe. Desde aquí, mueve el orbe hacia tu hombro, viéndolo cada vez más pequeño a medida que el Meridiano se vuelva más brillante, y lo pases por la parte delantera de tu brazo, y hacia tu mano. Mira el orbe de luz, ahora pequeño, absorberse al llegar al extremo del meridiano: tu dedo medio. Ve el Meridiano, ahora luminoso y resplandeciente, y observa el trayecto para cuando lo necesites la próxima vez. 25. Reúne más exceso de Chi de tu Pericardio recién limpiado y fortalecido, dándole a la energía la forma de bola para la última parte de nuestra curación.

26. El Triple Calentador es el Yang de este emparejamiento, y es apropiado hacer esto al final. Como hemos mencionado, este meridiano es importante porque gobierna tu metabolismo, calor corporal y distribución de líquidos en todo el cuerpo. Después de realizar cualquier curación, este Meridiano también debe sanarse en caso de desequilibrio, o bloqueo del Meridiano que fue bloqueado.

Para sanar este meridiano, mueve la palma abierta sobre la uña del dedo anular. Observa cómo responde el Meridiano, brillando a medida que sube la luz curativa a tu antebrazo, y continúa hacia arriba, la esfera de luz se vuelve cada vez más pequeña a medida que el Meridiano se vuelve más brillante conforme lo mueves hacia la parte posterior de tu hombro. Desde aquí, lleva la luz a tu oído y deja que toda la energía restante se absorba en la terminal de este meridiano: tu ceja. 27. Tómate un momento para contemplar el Meridiano Triple Calentador, así como todos los demás con los que hemos trabajado en esta sanación. ¿Ya tiene todos los meridianos memorizados? Sigue practicando y pronto los conocerás de memoria. Buen trabajo, ¡y considera esta sanación un éxito! Has aprendido los Meridianos. Solo podemos darte la sabiduría y el conocimiento. Lo que hagas depende de ti. Tómate un momento, déjelo remojar, aprende cada camino, conoce tu cuerpo, conoce tu mente, conoce lo que los antiguos querían que supieras. Un sistema tan antiguo que debería aprovecharse al máximo y mejorar tu comprensión. Toma el camino de la sabiduría. Has llegado hasta aquí, ¿por qué no ir más lejos?

PIEDRAS CURATIVAS PARA INCORPORAR A LA SANACIÓN POR REIKI Y CHAKRAS

La siguiente es una lista de piedras en los colores de tus 7 puntos Chakra. Estos pueden incorporarse a las sanaciones mediante la colocación de las piedras de color apropiadas en su punto Chakra correspondiente antes de iniciar la sanación Reiki. Obtén uno o muchos de cada color para agregar sus influencias naturales mientras estimula los Chakras, y aseguras una sesión de sanidad más específica para el paciente al realiza Reiki. Si es necesario, no dudes en prestar piedras con propiedades específicas después de una curación, o adquirir más para darles a los pacientes. Los resultados de añadir estas piedras a tus sanaciones pueden ser bastante satisfactorios. **Piedras rojas**

1. Rodonita

Propiedades curativas: Con un hermoso tono rosa, esta piedra es famosa por sus propiedades en la sanación emocional. Esta es una que definitivamente querrás agregar a tu colección. Este silicato es bueno para calmar la ira, y también para la sanación de traumas. Encuéntrala, agrégala a tu caja de herramientas de sanidad.

2. Cuarzo rosa

Propiedades curativas: un poderoso sanador del Corazón tanto espiritual como físicamente, el Cuarzo Rosa puede ayudarte a abrirte emocionalmente cuando has sido herido en el pasado. También fomenta un sistema circulatorio saludable y fortalece tu corazón. También es muy fácil obtenerse, así que asegúrate de agregar esto a tu colección pronto.

3. Rubí

Propiedades curativas: Venerado durante mucho tiempo por los antiguos, la leyenda dice que Kublai Khan ofreció una ciudad a cambio de un espécimen considerable, y aparentemente bastante exquisito. Afortunadamente, hoy en día, puedes obtener tu propio Rubí por un poco menos (especialmente si se compra crudo). Ruby inspira un vigor del espíritu y el cuerpo, lo que lleva a uno a vivir más plenamente.

También puede ayudar con la disfunción sexual, la fiebre y la constricción de los vasos sanguíneos. Se dice que el Rubí tiene las mismas cualidades curativas, pero magnificado.

4. Bloodstone (piedra sanguínea)

Propiedades curativas: Bloodstone es bueno para la desintoxicación y cancelar la energía negativa. En asuntos del corazón, puede ayudar a eliminar la negatividad también, por lo que esta es una buena piedra para mantener cerca de ti.

5. Granate

Propiedades curativas: Conocido como un simulador de creatividad, el Granate también es una piedra de sensualidad, que incita la pasión en tu vida amorosa y mantiene las cosas frescas.

6. Coral rojo

Propiedades curativas: fortalece la circulación, así como la curación de los riñones y la vejiga, esta piedra va aun mas allá y ayuda a la regeneración en general. La piedra que crece como una planta puede servirte bien. El coral rojo también actúa como un antidepresivo natural, así que considéralo para tu caja de herramientas de sanidad.

Piedras naranjas 1. Granate Espesartina

Propiedades curativas: a veces llamado 'el Granate del Sol', el granate Espesartina puede aumentar la creatividad y mejorar la función cognitiva en cuestiones de lógica. Esta es una buena piedra para tener cuando buscas hacer un cambio de vida también, ya que las energías de la piedra están bien alineadas en ese sentido.

2. Piedra solar naranja

Propiedades curativas: fomentando sentimientos de generosidad, la piedra del sol naranja también fortalece a aquellos que han perdido a un ser querido con la fuerza necesaria para resistir la separación y seguir adelante. Esta piedra también tiene un efecto de equilibrio y limpieza en todos los Chakras. Esta también es una piedra excelente para tener poder contra las fobias a través de su naturaleza alegre.

3. Cornalina

Propiedades curativas: buena para la artritis, problemas de espalda baja y problemas en los riñones, la cornalina también es una buena piedra para estabilizar a raíz de una relación abusiva. Fomenta una sanación acelerada, y también es buena para tratar la depresión.

4. Ágata naranja

Propiedades curativas: el ágata naranja es un estabilizador emocional. Ayudando a mantenerte centrado, esta es una buena piedra para controlar la ira, así como para evitar decisiones impulsivas.

5. Zafiro naranja

Propiedades curativas: el zafiro anaranjado es una buena piedra para artistas y escritores, inspirando creatividad. Usa esto para disipar el bloqueo del escritor u otros problemas de creatividad sofocada.

6. Citrino naranja

Propiedades curativas: La citrina naranja fomenta la cognición. Físicamente, ayuda a limpiar los riñones, ayuda a la digestión, desintoxica la sangre y equilibra la tiroides. Esta es otra buena adición a tu colección.

7. Ámbar

Propiedades curativas: ayudando a la regeneración física, el ámbar también actúa como un purificador natural. Bueno para el dolor crónico, el ámbar también tiene un efecto de limpieza en todos los puntos Chakra. El ámbar también tiene fama de extraer enfermedades y enfermedades del cuerpo, debido a sus propiedades de purificación.

8. Granate Hessonita

Propiedades curativas: la granate hessonita es una piedra poderosa para tratar dolencias de la mente. Proporciona claridad de pensamiento y confianza frente a los miedos.

Piedras amarillas

1. Pirita de hierro (también llamada Fool's Gold, el Oro del Tonto)

Propiedades curativas: al actuar como un poderoso escudo contra las energías negativas, la pirita de hierro también mejora la memoria, y es buena para la sanación de los huesos, la reducción de la hinchazón y las condiciones de los pulmones.

2. Citrino amarillo

Propiedades curativas: Bueno para la ansiedad, el citrino amarillo también actúa como un amplificador de energías. Esta piedra también ayuda en el tratamiento de problemas oculares, lo que también potencia los 3 Chakras inferiores y el Chakra del tercer ojo.

3. Turmalina amarilla

Propiedades curativas: la turmalina amarilla

funciona como un poderoso estabilizador mental, como tal, es bueno para la ansiedad, las fobias e incluso puede ayudar con el trastorno bipolar. Esta piedra también puede equilibrar todos los Chakras, por lo que es una buena opción para tu colección.

4. Oro

Propiedades curativas: el oro es bueno para varias aplicaciones curativas. Por un lado, actúa como un amplificador natural para cualquier mineral con el que esté emparejado. En cuanto a la curación, se dice que el oro ayuda en problemas como el tratamiento del sistema nervioso, problemas respiratorios, rejuvenecimiento del sistema endocrino y regeneración de tejidos.

5. Cuarzo limón

Propiedades curativas: el cuarzo limón tiene varios usos, incluyendo la resistencia a los antojos de comida y nicotina, una recuperación más rápida después de la cirugía, y fomentar la claridad de pensamiento.

6. Zafiro amarillo

Propiedades curativas: las cualidades curativas de los zafiros amarillos tienden más hacia lo espiritual, ya que alienta a uno a convertir la creatividad en acción. Como tal, puede usarse para inspirar y romper bloques creativos u otros obstáculos en la vida.

7. Crisoberilo

Propiedades curativas: el crisoberilo es bueno para la curación de problemas de pecho e hígado. También es bueno para problemas en la piel, problemas de digestión, equilibrar las glándulas suprarrenales, y tiene un efecto positivo sobre el equilibrio del colesterol en tu cuerpo.

8. Berilo dorado

Propiedades curativas: Apertura de los Chakras morados y Amarillos, el berilo dorado es bueno para lograr un estado de emociones tranquilo y pacífico. Esta es una buena piedra para tener cuando te recuperas de un trauma mental, ya que puede ayudar a calmar el espíritu cansado.

Piedras verdes

1. Aventurina verde

Propiedades curativas: Buena para los pulmones, el corazón, los senos paranasales y el hígado, este es un excelente cálculo para incluir en una sesión de sanación intensa. También se dice que esta piedra mejora la creatividad.

2. Crisoprasa

Propiedades curativas: estimulando tus Chakras Naranjas y Verdes, la crisoprasa sana a tu niño interior, o un corazón roto. Especialmente, actúa como un fuerte desintoxicante para el hígado, y combate el insomnio para un sueño reparador y pasar buenas noches.

3. Serpentina

Propiedades curativas: una excelente piedra para incluir en las sanaciones Reiki, la Serpentina ayuda a dirigir las energías curativas. Otro desintoxicante, la serpentina puede ayudar a limpiar las toxinas de tu cuerpo, y también ayuda a tratar la hipoglucemia.

4. Hidenita.

Propiedades curativas: esta piedra es buena para la curación emocional profunda, como para las víctimas de abuso, adicciones o aquellas personas que sufren un dolor intenso por un ser querido perdido.

5. Jade

Propiedades curativas: el jade es bueno para las condiciones del bazo, los riñones y la vejiga. También aumenta el acceso mental al mundo espiritual e inspira creatividad.

6. Peridoto

Propiedades curativas: venerado por los reyes egipcios al punto en que tocar una sin permiso era causa de muerte, el Peridoto es bueno para tratar el tabaco y otras adicciones. Especialmente apreciado por la curación de Reiki, el Peridoto puede ayudarte a guiar tus manos, así como a recuperar energías después de las sanaciones.

7. Calcedonia

Propiedades curativas: bueno para la curación de los huesos, el sistema circulatorio, los ojos y el bazo, el Calcedonia es un buen sanador multifuncional a añadir tu colección de piedras curativas.

8. Ágata verde

Propiedades curativas: el ágata verde se utiliza principalmente para devolver la armonía al cuerpo y la mente. Emocionalmente es bueno para lidiar con la ira y los temores reprimidos, debido a la influencia calmante ejercida por la piedra.

9. Granate verde

Propiedades curativas: al estimular la regeneración y el crecimiento, esta piedra también aumenta la vitalidad, y fomenta un aire de compasión cuando se trata con otros.

10. Amazonita

Propiedades curativas: la Amazonita mejora la comunicación, impartiendo la capacidad de ver las cosas desde el punto de vista de los demás. Esta piedra es buena para sanar bloques creativos y para abrir la mente cerrada.

11. Apatita verde

Propiedades curativas: al mejorar la coordinación de manos y ojos, la Apatita Verde es útil en la sanación, ya que ayuda a mantener un flujo de energía bueno y estable al mismo tiempo que estimula tu Chakra Verde.

12. Esmeralda

Propiedades curativas: la esmeralda es buena para estimular el pensamiento y útil en el tratamiento de una memoria dañada. También es buena para revivir las pasiones en alguien que ha sufrido abuso o adicción, y está buscando nuevamente disfrutar de la vida.

Piedras azules

1. Aguamarina

Propiedades curativas: buena para problemas hormonales, problemas de garganta, problemas de tiroides y glándulas inflamadas, la aguamarina es una buena piedra para tener en tu colección de sanidad.

2. Labradorita

Propiedades curativas: Buena para la desintoxicación del alcohol o el tabaco, esta piedra también ayuda a estabilizar los aspectos más negativos de nuestras personalidades, como la ira, la envidia, los celos y demás.

3. Ágata de encaje azul

Propiedades curativas: esta piedra abre y limpia el Chakra de la Garganta, además de fomentar energías que te ayudan a destruir viejos patrones y modos de pensamiento que han demostrado ser destructivos en tu vida actual.

4. Aragonito

Propiedades curativas: un estimulante de los chakras verde, azul e índigo, esta piedra fomenta la comunicación y sanación de traumas pasados. También amplifica la empatía, que puede resultar bastante útil para los sanadores.

5. Apatita azul

Propiedades curativas: un estimulador de la creatividad, esta piedra también fomenta la supresión del hambre, por lo que puede ser útil para aquellos que intentan perder peso.

6. Celestina

Propiedades curativas: otro estimulador de la creatividad, esta piedra también es buena para disipar la ansiedad. También está en sintonía con lo celestial y puede aumentar la fuerza de orientación para las posiciones de mano usadas en las sanaciones Reiki.

7. Benitoíta:

Propiedades curativas: un estimulador del Chakra Índigo, esta piedra es buena para el letargo, impartiendo energía para sobrellevar el día a aquellos que siempre se sienten cansados.

8. Azurita

Propiedades curativas: la azurita es una piedra que estimula toda la mente, por lo que es un buen sanador para aquellos que se sienten agotados o que se encuentran atrapados en un ciclo de desesperación.

9. Topacio azul

Propiedades curativas: estimulando el Chakra Índigo y el Chakra Azul, esta piedra puede ayudar a curar las fobias asociadas con hablar en público, aumentando la confianza y las habilidades de comunicación.

10. Aventurina Azul

Propiedades curativas: esta es una piedra que afirma la fuerza de voluntad para superar los hábitos negativos. Úsalo como ayuda para dejar de fumar, superar la ira, el abuso de sustancias y más. Esta piedra puede impartir ese 'empuje' adicional. que necesitas para terminar el trabajo.

11. Turquesa

Propiedades curativas: Considerada sagrada por los nativos americanos y otras culturas, como los tibetanos y los primeros egipcios, esta piedra tiene una serie de propiedades. Buena para el sistema inmunológico, los huesos y para desintoxicar el cuerpo, esta piedra también ayuda a la comunicación efectiva con los demás.

12. Zafiro azul

Propiedades curativas: otra piedra que otorga dirección en las manos, esta piedra es popular entre los curanderos de Reiki. Una piedra de amor, el zafiro puede impartir la comprensión de los ideales superiores y ayudar a suprimir los sentimientos de impotencia, y romper los bloqueos de un enfoque que se ha reducido al nivel micro de traumas extremos en la vida.

Piedras índigo

1. Cristal índigo

Propiedades curativas: los cristales índigo son la piedra perfecta para enfocar la autoexaminación, un desapego del pensamiento que explora las posibilidades imaginadas desde las mentes de los demás. Úselas para curar a alguien que se aferra demasiado al ego. Si son sensibles, entonces avisa que es una piedra para la empatía, no todos están listos para divorciarse de su ego, e ir a la verdad.

2. Labradorita Índigo

Propiedades curativas: esta piedra ayuda con los trastornos de la mente y de los ojos. Esta piedra funciona con el Triple Calentador, regulando el metabolismo y las hormonas. Mantén esta piedra a la mano para impartir poder en las curaciones finales de tus sesiones de Reiki.

3. Iolita

Propiedades curativas: con la función de motivadora, la Iolita restaura la perspectiva. Es una piedra fuerte para incorporar en las sanaciones donde hay problemas con la familia.

4. Tanzanita

Propiedades curativas: Fortaleciendo el Chakra Índigo, esta piedra puede ayudar a potenciar la intuición. Esta piedra se usa mejor al alimentar un sentido de espiritualidad quebrado.

5. Sodalita de cristal

Propiedades curativas: al ayudar ante las deficiencias de calcio, este cálculo también puede acelerar el sistema inmunológico y funcionar como un refuerzo del metabolismo. Una buena piedra para tener a la mano.

Piedras violetas

1. Sodalita Violeta

Propiedades curativas: aunque la sodalita violeta es alentadora y racional, también ayuda a prevenir los ataques de pánico.

2. Amatista

Propiedades curativas: induciendo la calma, esta piedra es primordial en asuntos del sistema nervioso. Esta piedra también es fuerte en el fortalecimiento de las relaciones.

3. Topacio violeta

Propiedades curativas: recarga todos los meridianos y ayuda en la comprensión espiritual.

4. Berilio violeta

Propiedades curativas: proporciona un efecto de aumento a las curaciones, esto es imprescindible para los profesionales más serios.

5. Turmalina violeta

Propiedades curativas: reduciendo el miedo, esta piedra rompe los bloques de creatividad y fomenta la felicidad en general.

6. Jadeíta

Propiedades curativas: protegiendo contra la fatiga, mejorando el sistema circulatorio y potenciando la longevidad, piense en esto como la piedra de 'larga vida'.

7. Espinela

Propiedades curativas: revitalización ante los desafíos, esta piedra ayuda al receptor a lidiar con los problemas como lo harían en la juventud y el poder. Proporcionando una fuente de energía aparentemente interminable, esta es la piedra para la conquista de la voluntad sobre la necesidad.

8. Apatita violeta

Propiedades curativas: Engrandeciendo el Chakra Azul, esta piedra agudiza la comunicación a un nivel que es casi poético. Úsese con moderación, a veces las personas reaccionan mal al mundo descrito con precisión, sobre todo el mundo personal.

9. Barita

Propiedades curativas: alineación de la energía y enfoque espiritual, esto es para aquellos que están listos para progresar.

12
CONCLUSIÓN

Has aprendido sobre los Meridianos, el Reiki estándar, y has ido bien en tu camino para sanar a otros, y hacia la curación propia. Hemos entrado en los puntos Mantras y Chakra, para asegurarnos de que no solo tengas lo básico, sino que estés educado en lo que necesitas saber para comenzar de manera efectiva. Asegúrese de practicar los Meridianos, aprender colocación tradicional de las manos, y luego tomar ese conocimiento, y partir de ahí. Una vez que hayas realizado los ejercicios de sanación varias veces, y una vez que hayas visto los resultados, estamos seguros de que estarás contento con los frutos de tu trabajo. Ahora que has iniciado tu viaje hacia el Reiki, verás que te llevará a nuevas ideas, descubrimientos, técnicas de curación cuerpo-mente, e incluso nuevas personas y lugares. Reiki se está extendiendo rápidamente por todo el mundo y constantemente estamos aprendiendo más sobre sus capacidades curativas profundas, así que asegúrate de seguir practicando y profundizando tu conocimiento en este maravilloso y antiguo arte de sanación. Paz y bendiciones para todos ustedes,

— SIYA ISHANI

www.ingramcontent.com/pod-product-compliance
Lightning Source LLC
Chambersburg PA
CBHW060350080526
44583CB00012B/245